Sammlung Luchterhand 247

Niklaus Meienberg
Die Erschießung
des Landesverräters Ernst S.
Mit einem Nachwort von Richard Dindo

Luchterhand

›Die Erschießung des Landesverräters Ernst S.‹ erschien zuerst in dem Band: Niklaus Meienberg, Reportagen aus der Schweiz (Luchterhand, 1974). Für die vorliegende Ausgabe wurde der Text vom Autor umgearbeitet und erweitert.

Sammlung Luchterhand, April 1977
Lektorat: Thomas Scheuffelen
Ausstattung von Martin Faust

© 1974, 1977 by Hermann Luchterhand Verlag
GmbH & Co KG, Darmstadt und Neuwied
Gesamtherstellung: Druck- und Verlags-
Gesellschaft mbH, Darmstadt
ISBN 3-472-61247-9

Inhalt

Niklaus Meienberg
Vorwort 1977 7
Die Erschießung des Landesverräters Ernst S. 12
    Anmerkungen 95
    Erläuterungen 102

Richard Dindo
Anmerkungen zum Film ›Die Erschießung des
    Landesverräters Ernst S.‹ 103

Verschiedenen Sankt Gallern gewidmet

Den Brüdern Emil, Karl, Otto S.
welche im Krieg der Reichen gegen die Armen
lebenslänglich unten durch mußten

und
Claudia F. welche
in derselben Stadt wohnte wie Ernst S.
und doch auf einem andern Kontinent
nämlich oben, und wo ist sie heute?

und
Kurt F. der
als Anwalt des kleinen Mannes begonnen
hatte und heut auf der Spitze
sitzt wo der Liebe Gott und das
Kapital einander Gut Nacht sagen

Vorwort 1977, und Notizen zur erweiterten Fassung

Es ist nicht leicht, die Biographie eines *schweizerischen* Landesverräters zu erforschen, und noch schwieriger ist es, sie *in der Schweiz* zu publizieren.
Reihum habe ich 1974 meine »Reportagen aus der Schweiz« und damit die Geschichte des Landesverräters Ernst S. allen möglichen Schweizer Verlagshäusern angeboten. Niemand zeigte Interesse. Ein solches Buch könne man überhaupt nicht verkaufen, oder: der Titel passe nicht ins Programm, ließen die Herren verlauten. (Tatsächlich waren die »Reportagen« 1975 in der Schweiz ein doch ziemlich rasant verkauftes Buch, worauf dann auch stracks zahlreiche Angebote der einst kühlen Verleger eintrafen.) Unter anderem lehnte 1974 auch der Benziger-Verlag mit vornehmer Begründung ab: man müsse leider verzichten, die Situation auf dem Büchermarkt sei dem Projekt nicht förderlich, etc. Damals war mir noch nicht bekannt, daß der Präsident des Benziger-Verwaltungsrats genau jener Oberst Dr. Karl Eberle aus St. Gallen war, der 1942 als Ankläger im Militärgerichtsprozeß den Tod für Ernst S. verlangt und auch erhalten hatte. Die historische Kontinuität in diesem Land ist halt so gemacht, daß dieselben großen Leute, welche 1942 den Tod für einen kleinen Delinquenten beantragt haben, auch 1974 noch groß sind und anscheinend kein Interesse an der Aufklärung dieses Todesfalles haben.
Später hat mir der Suhrkamp-Verlag, das heißt dessen kurzlebige erste Schweizer Außenstelle (Suhrkamp-Schweiz), die »Reportagen« regelrecht in Auftrag gegeben und sogar einen Vorschuß bezahlt. Ich meinte damals, naiv wie ich war, dieser Verlag sei in deutschem Besitz und das deutsche Kapital würde sich an der Aufklärung eines

schweizerischen Geschichts-Fragments nicht sonderlich stoßen. Aber ach, da hörte ein Herr Balthasar Reinhart aus Winterthur (Kanton Zürich), der begnadete Kunstmäzen und hervorragende Seidenhändler, von dem Verlagsprogramm, in welchem eine »Geschichte der schweizerischen Arbeiterbewegung« geplant war, und entpuppte sich als Mitbesitzer des Suhrkamp-Verlags, und telefonierte spornstreichs dem deutschen Herrn Unseld, welcher den Suhrkamp-Verlag auch mitbesitzt, und brachte den großen Unseld dazu, auf die Publikation des kritischen Schweizer Programms zu verzichten. Darauf ging, wie erinnerlich, Suhrkamp-Schweiz in die Binsen, die Lektoren fühlten sich nämlich düpiert. Wie stolz ich damals war, daß der helvetische Sekundär-Imperialismus sich sogar auf das deutsche Verlagswesen erstreckt und wir Schweizer auch im mächtigen Suhrkamp-Verlag unser Wörtchen mitzureden haben, das zu schildern fehlt hier der Raum.

Dank Otto F. Walter konnte die Sache dann bei Luchterhand im Frühjahr 1975 erscheinen. Die Reaktionen prasselten schnell und heftig. Das Sprachrohr des ebenso verknöcherten wie allmächtigen Großbürgertums, unsere nationale Gouvernante namens »Neue Zürcher Zeitung«, und das noch weiter rechts stehende »Badener Tagblatt«, nebst einigen obskuren Blättchen und Pressediensten, waren schockiert, entsetzt, empört. Die Mehrheit der liberalen und offenen bürgerlichen Zeitungen war betroffen, mitgenommen, kam durch das Schicksal des Ernst S. zu neuen Schlußfolgerungen über den Landesverrat. Die Arbeiterpresse, oder was von ihr noch übrig ist, nämlich die verschiedenen regionalen AZ, auch die Berner »Tagwacht«, waren mit den politischen Schlußfolgerungen einverstanden: die Kleinen hängt man, die Großen läßt man laufen. Links außen wurde heftig kritisiert, zum Teil mit denselben Worten wie die »Neue Zürcher Zeitung«: der Landesverrat sei bagatellisiert und die Landesverteidigung lächerlich gemacht worden, schrieb der maoistische »Oktober«. Niemand jedoch hat bestritten, auch extrem rechtsgewickelte Zeitungen nicht, daß die Situation des Proletariats im Sankt Gallen der dreißiger und vierziger Jahre eine miserable war und daß Ernst S. sozusagen organisch zum vaterlandslosen Gesellen gemacht wurde. Unser rechtes Bürgertum hat es auch vorgezogen, das makabre psychologische Gutachten des Dr. Hans-Oscar Pfister mit Schweigen zu übergehen (dasselbe Bürgertum, welches die politpsychiatrischen Einschließungen in der Sowjetunion gierig anprangert), und auch das Erschießungs-Spektakel à la Idi Amin, welches Oberst Birenstihl organisierte, indem er ein Rudel von höheren Offizieren zur Exekution des Ernst S. einlud, scheint das bourgeoise Gewissen verschiedener Rezensenten nicht zu stören; solche Tatsachen, die niemand widerlegt hat, werden verdrängt.

Auch die Nazifreundlichkeit verschiedener sanktgallischer Potentaten wurde von niemandem bestritten (die bürgerliche Presse z. B. St. Gallens hat es peinlich vermieden, auf diesen Punkt detailliert einzugehen: die Nachfahren des Industriellen Mettler-Specker sind heute noch bedeutende Figuren der lokalen Bourgeoisie). Es wurde jedoch argumentiert, z. B. von der »Neuen Zürcher Zeitung«, daß hier nur eine nazifreundliche *Gesinnung* vorliege, und *Gesinnungsdelikte* seien bekanntlich nicht strafbar. Das scheint mir ein seltsamer Gedankengang zu sein. Was nämlich der Industrielle und Kantonsrat Mario Karrer gemacht hat, Führer der rechtsextremen »Nationalen Opposition«, war dank der polizeilichen Erhebungen betreffs verbotenen Nachrichtendienstes als eine *»ernstliche Gefährdung unserer Unabhängigkeit«* klassifiziert worden; Karrer habe *»die demokratischen Grundlagen unseres Landes bekämpft«*. Das sind Delikte, die sich nicht nur in der Gesinnung des Mario Karrer abgespielt haben. Mario Karrer kam glimpflichstens davon, er lebt heute noch. Der

Industrielle Mettler-Specker hat mit seinem Geld faschistische Gruppen unterstützt, welche den Umsturz der verfassungsmäßigen Ordnung in Zusammenarbeit mit Nazi-Deutschland planten. *Gesinnungs*delikt? Der Polizeiinspektor Kappeler hat noch nach seiner Pensionierung für den deutschen Konsul in St. Gallen herumgeschnüffelt und Personaldossiers über unbescholtene Mitbürger den Nazis vermittelt.
Gesinnungsdelikte, all das? Hat sich alles nur im Hirn dieser Leute ereignet?
Sicher waren die Aktivitäten der Herren Mettler-Karrer-Kappeler juristisch nicht so leicht erfaßbar wie der Granatendiebstahl des Ernst S. Die Gesetze werden nämlich in jenen gesellschaftlichen Regionen gemacht, wo auch diese einflußreichen Bürger siedeln, und angewandt werden dieselben Gesetze wiederum von derselben Klasse. Die Reichen schlüpfen eher durch die Maschen als die Armen, so isch das leider, wie Frau Lüthy sagen würde, die Schlummermutter des Ernst S. Jedenfalls wird kein politisch denkender Mensch heute noch behaupten, dieser Ernst S. habe unsere Unabhängigkeit so ernstlich gefährdet, die demokratischen Grundlagen unseres Landes ebenso folgenschwer bekämpft wie verschiedene seiner gutsituierten sanktgallischen Mitbürger. Eine Serie in der »Ostschweizer AZ« unter dem Titel »AZ-Leser schreiben Geschichte«, welche durch den Film über Ernst S. provoziert wurde, zeigt ganz deutlich, daß in der Ostschweiz damals die aktive »Nazifreundlichkeit« in einem Teil des Bürgertums verheerend war. Das Volk hat ein gutes Gedächtnis.

*

Verschiedene Filmemacher haben mich 1975 gefragt, ob sie den Ernst S. verfilmen könnten. Ein Spielfilm über diese Sache schien mir filmisch zu spektakulär (Blut ist immer sensationell) und politisch zu unwirksam. La réalité dépasse la fiction, die Wirklichkeit ist stärker als die Phantasie. Die Geschichte des Ernst S. hätte ein Romanschriftsteller kaum erfinden können, man hätte ihm seine allzu kräftig blühende Phantasie vorgeworfen. Deshalb konnte auch nur ein Dokumentarfilm diese dokumentarische Vorlage richtig in Szene setzen. Der Filmemacher Richard Dindo hat dann mit mir zusammen »Die Erschießung des Landesverräters Ernst S.« gedreht. (Er berichtet im Nachwort über Entstehungs- und Wirkungsgeschichte dieses Films.) Einige Leute, welche mir damals im Hinblick auf das Buch noch keine Auskunft geben wollten, sind im Film aufgetreten, der Bruder Emil S. zum Beispiel, aber auch der Sargschreiner Lamprecht. Ihre Aussagen sowie zusätzliche Betrachtungen über »die Kleinen, die eher hängen als die Großen«, wie der Historiker Edgar Bonjour sagt, sind in die vorliegende erweiterte Fassung aufgenommen worden, und auch Fotos aus dem Film.

Zürich, im Januar 1977 N. M.

Die Erschießung des Landesverräters Ernst S.

> Abzele
> Böle schele
> D'Chatz got uf
> Walisele
> Chunt sie wieder hei
> Hät sie chrummi Bei
> Piff Paff Puff
> Und du bisch ehr- und
> Redlich duss.
>
> *Schweizer Kinderreim*

In der Nacht vom 9. auf den 10. November 1942 wurde der Fahrer Ernst S. in seinem 23. Lebensjahr unweit von Jonschwil (Kanton St. Gallen) in einem Wald erschossen, etwas unterhalb der Häusergruppe namens Bisacht. Es war aber kein Mord im landläufigen Sinn, und Ernst S. fiel auch nicht auf dem Felde der Ehre, sondern ein Detachement der schweizerischen Armee hat ihn hingerichtet. Die *Infanterie* hat im ganzen Krieg keinen Schuß auf den äußeren Feind abgefeuert, wohl aber je zwanzig Schuß auf siebzehn Landesverräter, und S. war der erste davon. Die ganze Aggressivität dieser auf dem Kriegsfuß stehenden Armee scheint sich nach innen entladen zu haben. Über die näheren Umstände der Hinrichtung gehen die Meinungen der Augenzeugen auseinander. Der protestantische Feldprediger Geiger, heute Pfarrer von Wil im Sanktgallischen, der S. auf seinem letzten Gang begleitete, sagt, die Exekution habe im Schein von Fackeln stattgefunden, und S. sei vollkommen gefaßt und in sein Schicksal ergeben hinüber-

Der Erschießungsplatz 1975.

gegangen. Der Fangschuß aus Offiziershand habe ihm nur verabreicht werden müssen, um die Soldaten des Exekutionspelotons zu beruhigen, denn der Leichnam des S. habe nach der Hinrichtung noch gezuckt, jedoch seien es reine Nervenzuckungen gewesen. Der Tod müsse sofort eingetreten sein, habe doch der Autopsiebefund im Kantonsspital St. Gallen ergeben, daß das halbe Herz des S. herausgerissen worden sei. Ein paar »höhere Zaungäste«, Offiziere, die eigentlich laut Reglement bei der Hinrichtung nichts zu suchen gehabt hätten, seien auch dabeigewesen. Man habe S. an ein abgeastetes Tännchen gebunden, so daß nicht, wie bei anderen Exekutionen, das Tännchen gestürzt sei und der Exekutand damit. Bei der Bestattung auf dem Friedhof Kesselhalde in St. Gallen seien dann auch wieder ein paar höhere Uniformen dabeigewesen, während er als Feldprediger in Zivil gekommen sei. Auf der ganzen Fahrt zur Hinrichtung habe sich S. musterhaft ruhig verhalten. Der kommandierende Offizier habe jedem Soldaten eine scharfe Patrone gegeben. Soviel er, Geiger, wisse, habe nur ein einziger Soldat nicht geschossen. [1]

Ein anderer Zeuge, Dr. Zollikofer, der Verteidiger des S., sagt, die Erschießung sei nicht auf Anhieb gelungen. Der durch die Schüsse verursachte Luftzug habe die Fackeln gelöscht. Man habe sie wieder entzündet, und die beiden Armeeärzte, Dr. Notter FMH und Dr. Ivanovitch, untersuchten den leblosen Körper des S. Dabei stellte sich heraus, daß keiner der Schüsse tödlich gewesen war, obwohl aus wenig Schritt Entfernung abgegeben. Der kommandierende Oberst Birenstihl habe deshalb einem Oberleutnant den reglementären Fangschuß befohlen. Dieser Oberleutnant, ein »phantastischer Schütze«, habe seine Pistole gezückt und, mit Geschicklichkeit aus nächster Nähe zielend, einen Schuß abgegeben, welchen man wirklich »Tells Geschoß« nennen könne. Die Kugel sei stracks in den Tränenkanal eingedrungen, ohne Verwüstungen am Schädel des S. anzurichten, so daß den Zuschauern der Anblick von herumspritzenden Hirnteilen und dergleichen erspart worden sei. Dr. Zollikofer bestätigt, daß ein Rudel höherer Offiziere sich die Exekution nicht entgehen lassen wollte; die Offiziere blieben aber im Hintergrund, weil Oberst Birenstihl sie gebeten hatte, nicht allzu deutlich in Erscheinung zu treten. [2]

Der Sargschreiner Lamprecht aus Gossau (Kanton St. Gallen), welcher zum Exekutionspeloton gehörte, erklärt, er habe den Ernst, nachdem der am Bäumchen angebunden worden sei, noch gefragt: Ernst, willst du die Augen verbunden haben? Dieser jedoch, in seinem apathischen Zustand, sei ihm die Antwort schuldig geblieben, worauf ihm die Augen dann verbunden worden seien. Er, Lamprecht, sei anschließend ins Glied zurückgetreten, worauf der Oberst dem Hauptmann befohlen habe, seines Amtes zu walten. Der Hauptmann habe den Befehl an die Soldaten weitergeleitet: Zum Schuß fertig, feuern. Die durch den Luftzug gelöschten Fackeln habe er dann wieder angezündet und den Ernst, welcher in den Stricken am Bäumchen hing, losgebunden. Nach der Untersuchung habe der Arzt dem Oberst gemeldet: Der Tod ist nicht eingetreten, worauf der Oberst dem Hauptmann den Befehl gab, seines Amtes zu walten. Der Hauptmann ging zu Ernst, setzte die Pistole an und schoß. Der Arzt untersuchte ihn nochmals, dann kamen zwei Sanitäter, sargten Ernst ein, deckten ihn zu und trugen ihn den Weg hinunter. Die Soldaten des Pelotons seien wieder auf Oberuzwil eingerückt, da konnten die Männer noch einen Kaffee trinken, es gab scharfen Kaffee, »und nachher konnten wir dann auch schlafen«, sagt Lamprecht, der Sargschreiner aus Gossau, Kanton St. Gallen.

Walter Wörnhard, heute Abwart in St. Gallen, gehörte zur Einheit des S., welche sich weigerte, ihn zu erschießen. (Laut Militärstrafgesetz müssen Exekutanden von jener

Einheit erschossen werden, zu der sie gehören.) Er sagt, es sei ihm eine andere Version als die des Feldpredigers Geiger zu Ohren gekommen. Der S. sei völlig von Sinnen gewesen, habe in seinen letzten Momenten getobt und geflucht und alle zum Teufel gewünscht, und zum Exekutionspfahl habe man ihn tragen müssen. Dem Obersten Birenstihl habe er Schlötterlinge angehängt, er sei gar nicht ruhig hinübergegangen. Über hundert Offiziere, und nicht nur ein paar, seien als Zaungäste dabeigewesen.

*

S. Ernst, Sohn des Emil und der Elise geb. Müller, heimatberechtigt in Hettlingen bei Winterthur, wurde am 8. September 1919 in St. Gallen geboren, drunten im Sittertobel gleich neben der Färberei Frischknecht (heute Filtrox), wo sein Vater Arbeiter und Nachtwächter war. Er war das jüngste von jenen acht Kindern der Familie S., welche die Kindheit überlebten. Die Mutter schenkte zwölf Kindern das Leben, davon starben vier im Kindesalter. Vater S. war ursprünglich als Säger ausgebildet worden, hat aber zeitweise in der Fabrik und in der Landwirtschaft gearbeitet. Er war Grütlianer (3) und hatte zeitlebens keine Illusionen über seine Möglichkeiten in der Gesellschaft. Oft habe er beim Sägen Verse gemacht, die er gern auf seinem Grabstein gesehen hätte, erinnert sich der Sohn Karl, der heute in Engelburg wohnt. Seine Grabsprüche seien derart beliebt gewesen, daß er auch für seine Freunde immer solche verfertigen mußte. Einen besonders einprägsamen Spruch vermag Karl S. auch heute noch aus dem Gedächtnis zu rezitieren:

Hier ruht der Säger S.
Von Müh und Arbeit aus
Hier unter diesem Kreuze
Hat er sein stilles Haus
Er fuhr hinab zur Hölle

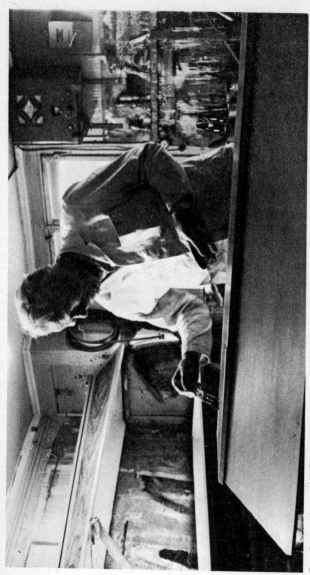

Der Sargmaler und Schreiner Lamprecht, 1975, aus Gossau. Gehörte zum Erschießungspeloton.

Dort geht er aus und ein
Denn auch die Höllenklötze
Müssen gesäget sein
Hier liegt er auf dem Ranzen
Den Arsch wohl in die Höh'
Als ob er heut noch dächte
O Welt leck mir am Arsche
Hier ist es chaibe schö.

Vater S. scheint nicht sehr religiös gewesen zu sein, der Grabspruch auf dem Friedhof zu Abtwil wurde ihm nicht bewilligt. Er war ein Mann, der sich noch im Tode von den Bürgern unterscheiden wollte, indem er bäuchlings ruhte. Ob ihm dieser letzte Wunsch erfüllt wurde, ist nicht bekannt. Er hatte geahnt, daß seine Arbeitskraft auch in der Ewigkeit noch gebraucht würde, und obwohl er sich in die Hölle versetzte, schien ihm dieser Ort »chaibe schö« verglichen mit dem Erdenleben. Daraus kann geschlossen werden, in welchen Umständen der Säger S. auf Erden lebte. Man habe zuhause kaum genug zu beißen gehabt, sagt der Sohn Otto, der vorzeitig pensionierte Fergger, der heute in Abtwil lebt. Als Bub habe er Äpfel klauen müssen, auch Kartoffeln heimlich ausgegraben und trotz Verbot in der Sitter Fische gefangen, damit nicht immer nur das ewig gleiche Habermus auf den Tisch kam. Der Vater sei geistig wach gewesen bis zum Schluß, noch mit 74 Jahren ein Kreuzworträtsel-Champion, und die Pfarrer habe er immer als Siechen und Halunken bezeichnet. Als Säger habe er zuletzt vielleicht 60 Rappen in der Stunde verdient, in der Färberei Frischknecht eher noch weniger. Sein Fabriklohn habe nirgends hin gereicht, deshalb sei er zusätzlich Nachtwächter geworden. Ausgerüstet mit einem Hagenschwanz, mußte er die Fabrik gegen Einbrecher schützen. Mit dem Hagenschwanz habe er dann oft die Familie regiert, wenn er müde und kaputt nach Hause kam. Er sei trotzdem kein Tyrann gewesen, habe oft noch Späße gemacht, wenn auch grimmige. Natürlich sei er ein wenig ins Trinken gekommen, welch andere Lust blieb ihm als hie und da ein Gläschen? Der vergorene Apfelmost sei auch für ihn noch erschwinglich gewesen. Um Ernst, das jüngste der zwölf Kinder, habe er sich nicht gekümmert, da war er zu alt und wollte seine Ruhe haben, und die Mutter war schon 1936 gestorben. Die Mutter habe mit Heimarbeit das magere Budget aufbessern wollen, sei aber miserabel bezahlt worden von den St. Galler Textilbaronen, höchstens 30 Rappen in der Stunde, wie alle Heimarbeiterinnen damals. Sie habe sich die Gesundheit, welche durch den großen Haushalt überbeansprucht war, damit noch ganz kaputtgemacht. Diese ostschweizerische Heimarbeit wird von Dr. Hermann Bauer, Lokalredaktor der *Ostschweiz* und Mitglied des Rotary-Clubs, so geschildert:

Union-Stickerei wurzelt im Ostschweizer Boden. Die Stickmaschine steht nicht nur in Fabrikhallen. Wir finden sie auch in Bauernhäusern. Der Sticker bleibt an seiner Maschine Bauer mit etwas Wiesland, etwas Acker und Kleinvieh. Er liebt seinen Beruf, der ihn mit der weiten Welt verbindet und doch nicht vom heimatlichen Boden löst. Die Ostschweizer Landschaft ist von zarter Anmut und nüchterner Strenge. Die Stickerei ist es auch. Sie entspricht dem hellaügigen, wachen Ostschweizer. Die Wände seines Sticklokals sind zwar eng, aber sein Blick und seine Interessen sind weit. Da, im neuen Anbau am alten, geschindelten Bauernhaus im St. Galler Rheintal steht eine Handstickmaschine. Die Union hat sie hineingestellt. Draußen trocknet die Rheintaler Sonne väterliche Unterhosen und Kinderstrümpfe, indessen drinnen der 38jährige Sticker mit dem Pantographen dem sechsfach vergrößerten Muster nachfährt, auf daß es im Wunderwerk der Maschine zur Stickerei werde. Dafür ist der Tisch gedeckt und er auf seinem Boden eigener Herr und Meister. So wie er leisten rings im Land zahlreiche Heimsticker

ihren Beitrag zur großen Union-Produktion. [4]
Elise S., geborene Müller, die, inmitten dieser Ostschweizer Landschaft voll von Anmut und nüchterner Strenge, sich helläugig abrackerte (ob für die Union AG, für Stoffel, Mettler, Fischbacher, Forster Willy oder einen anderen, ist nicht bekannt), wird sich über den Opfermut ihres Direktors gefreut haben. Derselbe St. Galler Lokalidylliker und Dachdecker des Überbaus schreibt:
Ein Fenster leuchtet in die Nacht hinaus. Es gehört zum 1. Stock des Union-Geschäftshauses in St. Gallen. Dahinter liegt das Büro des Direktors. Wenn die anderen Fensterreihen längst dunkel geworden sind, und die Hunderte von schaffenden Händen ruhen oder Dinge tun, denen ihre Feierabendliebe gilt, spricht das Schattenspiel in den aus der Nacht geschnittenen hellen Fensterviereken von dem nicht an Bürostunden gebundenen minutiösen Überlegen und weltweiten Disponieren. Das steht am Anfang der Union-Produktion. Wendigsein und Bereitsein ist alles: Ungünstige Entwicklungen auf dem Weltmarkt müssen überwunden, Absatzgebiete gehalten, neue dazugewonnen werden. Die Suche nach immer andern Verwendungsmöglichkeiten der Stickerei darf nie aufhören. Man muß beim Kreieren mit dabei sein. Darum huscht der Schatten dessen, der sich darum bekümmert, noch nachts über die Gardinen. Darum erlöscht das Licht im Büro des Direktors so spät. [5]
Auch Elise S. hat minutiös überlegt und disponiert, wenn auch nicht weltweit, auch sie ist wendig gewesen und immer bereit, aber auf einen grünen Zweig hat sie es trotz Heim- und Nachtarbeit nie gebracht. Ihre Söhne und Töchter durften mit einer Ausnahme nicht in die Sekundarschule, obwohl sie überdurchschnittlich hell waren, wie aus ihren Briefen hervorgeht. Es gelang Elise S. und ihrem Mann nicht, die ungünstigen Entwicklungen zu überwinden. Sie blieben im Tobel, und auch ihre Kinder kamen nur

zeitweise in die Höhe. Die Älteste heiratete nach Abtwil auf einen Bauernhof. Louisa, die Zweitälteste, geboren 1899, wollte nicht so schnell heiraten, wollte sich emanzipieren. Sie suchte eine gute Arbeit in der Schweiz, fand keine, wanderte nach Paris aus, dann nach Mexiko und später nach Kuba, wo sie bei einer Familie Sanchez Gouvernante war. Sie hat in Hotels gearbeitet und soll vier Sprachen gekonnt haben, eine sehr schöne Frau, wenn man den Fotos glauben darf [6]. Schließlich hat sie nach Caracas geheiratet und ist seit den fünfziger Jahren verschollen. Emil, der Zweitälteste, war auch im Hotelgewerbe tätig. Er ging zur Schwester nach Paris, kam zurück in die Schweiz, arbeitet jetzt seit dreißig Jahren in einem Betrieb der Zürcher Metallindustrie, ist Mitglied der Kommunistischen Partei geworden, wie sein Bruder Jakob. Jakob arbeitete wie der Vater in der Färberei von Dr. Frischknecht für 40 Rappen die Stunde (zehner und zwanziger Jahre dieses Jahrhunderts), soll Dr. Frischknecht eines Tages gebeten haben, ihn am Arsch zu lecken, und ging dann nach Paris zu Louisa und Emil ins Hotel, durch den Dienstboteneingang. Dort sollen sie es schön gehabt haben miteinander. Er wirkte in Paris und Lugano als Hotelportier, »sah aus der Nähe, wie es die Reichen treiben«, trat der Kommunistischen Partei bei, wie sein Bruder Emil. Von Fridolin, 1906 geboren und 1951 ledig gestorben, ist wenig bekannt. Otto, Jahrgang 11, arbeitete in der Färberei Sitterthal, wo auch Ernst arbeitete, welche Färberei auch im Tobel gelegen ist, sehr romantisch am Wasserlauf der Sitter angesiedelt, ein wenig oberhalb von Frischknecht, und verdiente dort zum Beispiel 1939 die Stunde 92 Rappen, indem er von 6.30 Uhr bis 11.45 Uhr und von 13.30 Uhr bis 18.15 Uhr schaffte. Nach fünf Jahren Betriebszugehörigkeit bekam man damals zwei oder drei Tage Ferien im Jahr, an Samstagen wurde auch gearbeitet. Wie seine Brüder Jakob und Emil trat Otto der Kommunistischen Partei bei.

Der bereits zitierte St. Galler Lokalidylliker Bauer, Germanist und Lokalredaktor, beschreibt die Landschaft im Sittertobel auf seine Art:
Steigen wir hinunter zur Sitter und verfolgen wir für ein paar Stunden ihren Lauf, so erleben wir eine Überraschung nach der andern, denn kaum eine wechselvollere Landschaft läßt sich denken als dieses mächtige Erosionsgebiet mit den steilen Flanken auf der einen und den seichten Ufern auf der andern Seite. Der erdgeschichtliche Kalender, die mächtigen Gesteinsschichten, liegt an manchen Stellen wundervoll zutage und läßt uns in vergangene Jahrhunderttausende und -millionen blicken. Bei der Erlenholzbrücke schwenken wir rechts ab und steigen durch Mischwald hinauf zur aussichtsreichen Warte des Peter und Paul. [7]
Es ist nicht bekannt, ob die Familie S. die Überraschungen geschätzt hat, die in den Fabriken an der Sitter auf sie warteten, und ob sie abends noch frisch genug war, die mächtigen Gesteinsschichten und den Mischwald zu goutieren. Jedenfalls Anna hat auf einen Bauernhof geheiratet, Moosmühlenstraße 50, auch ziemlich im Tobel, wo sie den Ernst später aufnahm. Die Ehe soll nicht so glücklich gewesen sein, es war nämlich kein Geld da. Der Jüngste schließlich, Karl, hat »nie eine Wirtschaft von innen gesehen jahrelang«, werkte auf Bauernhöfen in der Umgebung und sparte sich das Geld für ein paar Stück Vieh vom Munde ab. Schließlich konnte er den Hof seines Schwagers Keusen übernehmen, die sogenannte Wiehnachtshalde in Abtwil. Karl wäre ums Leben gern Bauer geblieben, aber der Hof war verschuldet. Es gab auch kein fließend Wasser, die Installation hätte 30 000 Franken gekostet, also kaufte der St. Galler Textilbaron Mettler ihm die Wiehnachtshalde ab. Im Stall, wo früher der Ackergaul stand, schnauben jetzt Mettlers Reitpferde, die Wiehnachtshalde ist geschmackvoll renoviert und innen modernisiert, im

In der Färberei Sitterthal

gegangen, dazu hatte man im Sittertobel kein Geld, aber weil er in die Rädchen der Militärjustiz geriet, wollte man ihn doch psychiatrisch untersuchen, der Zivilisation halber, bevor man ihn erschoß [8].
Pfisters Gutachten stützt sich »materiell auf die Untersuchungsergebnisse von sieben ausgedehnten Sitzungen (25., 27., 30. Juli und 1., 6., 18. und 20. August 1942), die wegen Fluchtgefahr und ausgewiesener Fluchttendenz des Exploranden im ausbruchsicheren Gefängnis des Untersuchungsrichteramtes St. Gallen stattfanden. Außerdem stellten Sie mir Ihre Akten [9] samt der Tatbestandsdarstellung des Untersuchungsrichters und dem motivierten Beweisdekret zur Verfügung.« Pfister hat außerdem dankenswerterweise die Biographie des Ernst S. in seinem Gutachten rekonstruiert, und zwar recht minutiös, so daß wir genau wissen, in welchen Fabriken er wie lange gearbeitet hat. Davon ausgehend kann man sich heute in den Fabriken nach den Arbeitsbedingungen von damals erkundigen (was der Psychiater nicht tat). Pfisters Gutachten ist auch deshalb wertvoll, weil er alle Leumundszeugnisse, Zertifikate, Führungszeugnisse und Ähnliches gesammelt hat, mit denen der kurze Lebensweg des Ernst S. gepflastert war. Daneben gibt Dr. Pfisters Gutachten auch Aufschluß über Dr. Pfister, das heißt, über den Zustand der damaligen Psychiatrie, oder doch über jenen Teil, der reibungslos mit der Militärjustiz und ähnlichen Organen kollaborierte. Dr. Pfister hat im Irrenhaus von Herisau auch den Dichter Robert Walser behandelt [10].
Pfister Hans-Oscar, Jahrgang 1905, war 1942 Regimentsarzt im 19. Regiment der 8. Division im Hauptmann- oder Majorsrang, so genau kann er sich an den Rang nicht mehr erinnern [11], hatte eine psychiatrische und neurologische Ausbildung in Berlin genossen. Vor dem Militärgericht sei er eine Stunde lang ausgequetscht worden in bezug auf sein Gutachten. Ein Offizier habe »übrigens geschlafen wäh-

obern Stock wohnt Mettlers Tochter, Karl S. aber mußte im vorgerückten Alter ausziehen und umsatteln und arbeitet nun als Magaziner in der Firma Mettler.
So war das bei der Familie S. Der Vater Verdingbub in Hettlingen, wo er mehr Prügel als anderes bekam (sagt Otto), die Mutter früh zuckerkrank und arterienverkalkt, immer fleißig am runden Stickrahmen und dann die Stickerei in die Stadt hinauf gebracht, im Sommer gestohlene Fische, Krebse, Äpfel, Kartoffeln auf dem Tisch, im Winter manchmal ein paar Blutwürste, die der Vater aus dem Tschopen kramte: Kindheit im Sittertobel, großer Familienzusammenhalt, malerische Landschaft, manchmal Hungertuch, periodisch blutrot gefärbte Sitter durch die Chemikalien aus der Färberei, aber sonst konnte man baden. Ernst sei ein prächtiger Schwimmer gewesen, auch gut gewachsen, für einen Cervelat und ein Bürli sei er vom Dach der gedeckten Brücke ins Wasser gesprungen und habe sich nie verletzt dabei. Er sei sehr sportlich gewesen. Überhaupt ein begabtes Bürschchen, sagen die Brüder Emil, Otto und Karl. Die andern Geschwister sind gestorben oder mindestens verschollen.

*

Was wissen wir über Ernst S., und woher? S. wurde zur Unperson, nachdem er erschossen war. Er ist das Gegenteil einer »Persönlichkeit« im bürgerlichen Sinn. Man wollte ihn vergessen, verdrängen, Gras über ihn wachsen lassen, es gab nur schwülstige Mythenbildung über ihn. Trotzdem ist die Quellenlage nicht schlecht. Wer sich bemüht, kann den zweiunddreißigseitigen Bericht des Offiziers und Psychiaters Dr. H. O. Pfister, Nervenarzt FMH, weiland Direktionsmitglied der Appenzellisch-Außerrhodischen-Heil- und Pflegeanstalt, danach Stadt- und Platzkommandoarzt von Zürich, aufstöbern.
S. wäre unter normalen Umständen nicht zum Psychiater

rend dieser Gerichtssitzung«, daran könne er sich genau erinnern. Pfister ist heute Alt-Stadtarzt von Zürich. Sein Gutachten sei nicht nach moralischen, sondern nach rein wissenschaftlichen Kriterien abgefaßt, sagt er heute, und in seinen Beziehungen zu S. sei er »Mensch, das heißt, Psychiater gewesen«. Wenn einer nicht »solid« gutachtet, dann wird er nicht beamteter Psychiater, sagt er. Zu S. habe er sich nicht wie die Obrigkeit zum Untertan verhalten, sondern wie ein Mensch zum Menschen. Über sein Gutachten Auskunft geben dürfe er nur, wenn er vom Oberauditor der Armee die Erlaubnis bekomme [12].

Da die Verhandlungen des Militärgerichts damals geheim waren, und nach Ansicht des Oberauditors auch weiterhin bleiben sollen [13], mag es für das Volk heute aufschlußreich sein, ein paar Einzelheiten zu erfahren. Denn S. war ganz demokratisch zu Tode gebracht worden, unter Einhaltung des Instanzenweges.

Andere wichtige Akten, das Zivilleben des Ernst S. betreffend, liegen im Archiv des Bezirksgerichts St. Gallen. Dort war man weniger zugeknöpft als im Oberauditorat. [14] Auch die Vormundschaftsbehörde St. Gallen steuerte einiges Wertvolle bei [15]. Nur im sankt-gallischen Militärdepartement, wo ein Herr Matzig, bei dessen Vater Ernst S. in die Schule ging, die Akte S. verwaltet, wollte man nach einem Telefongespräch mit Herrn Bernasconi vom Militärstrafwesen (Oberauditorat) keinen Einblick gewähren. Die Akte S. lag schon auf dem Pult, griffbereit, aber zugleich unendlich fern. Berna locuta, causa finita. Bern hatte die Akten in St. Gallen eingesperrt. Weitere Dokumente wurden von Otto und Karl S. zur Verfügung gestellt, den beiden Brüdern im Weichbild St. Gallens: ein Beileidsbrief, Entwürfe des Gnadengesuchs, Briefe des Leiters der Erziehungsanstalt Langhalde, Photographien und anderes Anschauungsmaterial. Die Gemeinde Hettlingen ZH war wenig freigebig. Nur mit großer Mühewaltung war es möglich, die Namen und Zivilstandsdaten der Angehörigen von Ernst S. (und sonst nichts) dort auf der Gemeindekanzlei beim subtilen Herrn Keller in Erfahrung zu bringen. Allgemein läßt sich sagen, daß die Informationsfreudigkeit von oben nach unten zunahm: Offiziere, zumal höheren Rangs, waren stets zugeknöpft bis verstopft, als ob sie etwas zu verbergen hätten. (Hauptmann-Pfarrer Geiger, Major Dr. Eberle, Major oder Hauptmann Dr. H. O. Pfister.) Soldaten und Unteroffiziere gaben meist gern Auskunft. Die Offiziere waren oft sehr pikiert, wenn man von S. sprach, manche waren verstimmt oder gar beleidigt [16], andere hat es gewurmt.

*

Ernst S. ging in St. Gallen-Schönenwegen zur Primarschule, beim Lehrer Matzig. Lachen-Schönenwegen war und ist ein Quartier, wo Arbeiter und Kleinbürger leben. Ein trauriger Mief herrscht vor. Der Kabarettist Walter Roderer hat dort zur selben Zeit wie S. die Schulbank gedrückt, in seinen Darbietungen kommt die vertrackte Spießbürgerwelt sankt-gallischen Zuschnitts hübsch zur Geltung.
In der Lachen, wie die St. Galler sagen, wohnen nur wenig begüterte »Mitbürger«. Sträßle, der die Färberei Sitterthal besaß zu Ernst S.'s Zeiten, residierte oben in der »Burg«, einem schloßähnlichen Gebäude. Sein Sohn, Mitbesitzer der Färberei Sitterthal, wohnt immer noch dort. Dann Steinmann, der Kohlenhändler, auch das Transportgeschäft Peter Louis, und der Textil-Bersinger, die hatten und haben ihre Villen mit Gärten, auch ihre Reitställe in der Lachen. [17]
Die Damen Louis sah man hoch zu Roß, man vergönnte es ihnen aber nicht, obwohl sie doch wie jedermann mit dem Tram in die Stadt fuhren. Mit diesen Reichen habe man als nicht so Reicher nur zu tun gehabt, wenn man fürs Bürgerheim sammelte, für die Ferienkolonie oder für die »Her-

berge zur Heimat«. Da gaben sie allemal einen schönen Batzen. Sonst lebten sie ziemlich eingezogen. [18] Hier wohnte auch der begüterte Pfarrer Kutter vom evangelischen Pfarramt St. Gallen-Bruggen, der Jakob und Otto S. zu einem Gespräch einlud, das sich um die Berufslehre des Ernst drehte. Er soll sie aber nach kurzer Diskussion als »schändliche Kommunisten« traktiert und aus seiner Studierstube hinausgeworfen haben. [19]
Aus der Primarschulzeit des Ernst S. sind keine besonderen Vorkommnisse bekannt. Er hatte einen weiten Schulweg, fiel nicht auf, soll ein »Saubueb« wie andere gewesen sein. [20] Er ist nie sitzen geblieben, konnte aber dreimal nur bedingt »promoviert« werden [21]. Ein »himmeltrauriger Schüler« sei er in den ersten Klassen gewesen, nicht etwa wegen Dummheit, er habe bloß in der Schule immer andere Gedanken gehabt. (Vielleicht hat ihm Herr Matzig nicht gefallen?) Sich jeweils über die Probezeit zusammenzunehmen, sei ihm nicht schwer gefallen. [22] Jedoch, er war ein sexueller Frühzünder, liebte zudem die Abendstunden, schlenderte gern durch den schönbaumigen Sitterwald. Das ist ihm nicht gut bekommen. Der Psychiater Dr. Hans-Oscar Pfister schildert die frühe Unordnung so:
Die ungünstigen häuslichen Verhältnisse und das häufige nächtliche Herumstreifen führten schon früh zu einer Verwahrlosung (von Pfister unterstrichen). Er geriet in schlechte Gesellschaft, wurde als Jüngling von seinen halbwüchsigen Geschwistern und ihren Kameraden schmutzig aufgeklärt. Größere Mädchen hätten ihn schon als Schulknaben zum Onanieren und anderen sittlichen Vergehen verleitet. Auch junge Männer haben angeblich schon früh versucht, an ihn heranzugelangen, er habe aber dagegen immer eine Abscheu gehabt. [23]
Als ich Otto S. diese Stelle aus Pfisters Gutachten vorlas, sagte er: »Was soll der Klimbim? Hat der Dr. Pfister vielleicht nie gedökterlet, als er noch klein war? Was ist das für

eine verkehrte Welt, wo Onanieren ein Vergehen und die Ausbeutung der Arbeiter normal ist? Der Ernst wurde nicht schmutziger oder sauberer aufgeklärt als andere Kinder in der Lachen.«

Item, wie dem auch sei, »gegen Ende der Schulzeit nahm ihn seine Schwester in Abtwil zu sich, um ihn dem Einfluß des Vaters zu entziehen. Er hatte dort etwas bessere Erziehung und mehr Ordnung, brauchte nicht mehr dem widerlichen Verhalten des Vaters nachzusinnen und wurde so angeblich einer der besten Schüler seiner Klasse. Nebenbei arbeitete er im landwirtschaftlichen Heimwesen seines Schwagers. Nach der Schulentlassung war er kurze Zeit in der Färberei Sitterthal als Hilfsarbeiter tätig. Er lebte damals wieder mit seinem Vater zusammen, mußte ihm kochen und den Haushalt besorgen. Stets lebten sie wegen finanzieller Angelegenheiten im Streit. Expl. verkam von neuem« [24].

Mit den finanziellen Angelegenheiten aber war es so bestellt: Ernst verdiente in der Färberei Sitterthal 35 bis 40 Rappen die Stunde als Laufrahmenbub. Das war von April bis August 1934. Ernst war damals vierzehneinhalb Jahre alt. Es brauchte eine Spezialbewilligung, damit er in die Fabrik durfte [25], aber die Fabrik erhielt die Bewilligung ohne Schwierigkeiten. Damals gab es die 52-Stunden-Woche, Samstag wurde bis Mittag gearbeitet. In dieser Fabrik, sagt der Prokurist Solenthaler, wird gebleicht, gefärbt, mercerisiert, appretiert, transparentiert, opalisiert. Man nennt das in der Textil-Branche einen Veredelungs-Betrieb. S. wurde trotz der um ihn äußerst besorgten Fabrik hier nicht veredelt, sondern verkam von neuem. Es handelt sich um die größte Färberei auf dem Platz St. Gallen, damals etwa 300 Arbeiter, die Hälfte von Abtwil und der sonstigen Landschaft, ländliches Halbproletariat, ein Viertel Frauen. Unterdessen wurde rationalisiert, die Belegschaft ist heute auf 190 geschrumpft, davon sind 40%

Fremdarbeiter. Es ist immer noch ein Familienbetrieb, keine Publikumsaktien, keine veröffentlichten Bilanzen, stabile Besitzverhältnisse, und höchst maschinenintensiv, wie Solenthaler meint. Die Geschäftsleitung sei nicht auf Expansion, sondern auf Ausbau des Bestehenden erpicht. Man habe das riesige Fabrikareal hier unten für einen Pappenstiel gekauft, tue aber auch etwas für die Arbeiter, indem man ihnen Wohnungen baue. Sträßle, der alte Prinzipal, sei streng aber korrekt gewesen, katholisch, Schulrat, Verwaltungsrat einer Bank, halt eine Persönlichkeit. Er habe auch damals, als die Geschäftslage flau war, in seiner Sorge für die Arbeiter stets Arbeit beschafft. Zum Beispiel habe er den Hügel dort hinter der Fabrik abtragen lassen. Damals habe man gearbeitet, bis man umgefallen sei, auch Achtzigjährige hätten noch geschafft. Solenthaler muß es wissen, er ist seit 1936 in der Firma tätig, aber immer im Büro, wo er sich hinaufgeschafft hat.

Arbeitskämpfe im Sitterthal? Wohl hätten die Arbeiter diese Fabrik oft »Jammerthal« genannt, jedoch habe seit der Firmengründung nur *ein* Streik stattgefunden, dazu noch ein wilder, denn die Gewerkschaften waren nie stark gewesen hier unten. Streikposten wollten die arbeitswilligen Abtwiler von der Fabrik fernhalten und nicht über das Sitterbrüggli kommen lassen, das war im kalten Winter anno 29, als Stein und Bein gefror bei 30 Grad unter Null. Aber der Heizer ließ den Fabrikschlot qualmen, das war ein Zeichen für die am andern Ufer, daß die Arbeit schon warm sei und auf sie warte. Da seien die Leute dann über die zugefrorene Sitter gekommen, und die Streikposten am Brüggli hätten nichts genutzt. Nach der Niederschlagung des Streiks mußten etliche Entlassungen vorgenommen werden. Seither habe man Ruhe, wenn auch die Geschäftslage nicht unbedenklich sei. Es sei doch trostlos, daß die Kinder der einheimischen Arbeiter nicht mehr in Sitterthal arbeiten wollten, die gingen alle ins Büro. So sei man denn

auf die Italiener angewiesen und habe nur noch alte Schweizer, aber junge Italiener in der Fabrik. Die Arbeit, welche Ernst S. verrichtete, wird jetzt von Italienerinnen gemacht: Frauenarbeit, Ausländerarbeit.
Die ersten Italienerinnen seien 1948 gekommen, aus Deutschland, wohin sie als Zwangsarbeiterinnen verschlagen worden waren. Eine schöner als die andere, das war noch die Crème, sagt Solenthaler. Da war eine wie ein Filmstar, groß, sah aus wie die Loren, die hat dann einen »hohen Firmenchef« geheiratet. Circa 1960 fing es an mit den Bodensurri aus Süditalien, die waren nicht mehr so groß. Die älteren Schweizer mögen die Italiener nicht. Denen geht's nur ums Geld, die könnten auch irgendwo anders schaffen, keine Verbundenheit mehr mit der Firma. Und die passen auch nicht so auf. Aber da gibt's noch gute alte Schweizer, die regen sich furchtbar auf, wenn ein paar Meter Stoff kaputtgehen. Unter den Italienern, hat Solenthaler so ein Gefühl gehabt, gab es hie und da auch Agitatoren. Beweisen konnte er nichts. Der alte Sträßle selig hat die Gewerkschaften nicht geliebt, und vor allem die christlich-sozialen (die gemäßigten, weichen) hat er als Katholik immer als Verräter empfunden, das waren katholische Kommunisten für den alten Sträßle. Auch er, Solenthaler, sei, ehrlich gesagt, gar kein Freund der Gewerkschaften. An den S. kann er sich erinnern, nicht an den Ernst, an den Otto. Der sei ein guter Arbeiter gewesen, aber etwas »eigen«.
Otto S. sagt: Es war nicht leicht. Die wollten keine Gewerkschafter im Betrieb. Wenn einer frisch eingestellt wurde, hat man sich hintenrum erkundigt, ob er organisiert sei. Man konnte auch den Kollegen nicht trauen. Das waren meist ganz untertänige Arbeiter, ohne politisches Bewußtsein, die es als Gnade betrachtet haben, wenn sie hier arbeiten durften. Man wurde von ihnen bei der Direktion denunziert, wenn man etwas verbessern wollte. Das

war eine Stimmung wie in Hitlerdeutschland, man mußte den Schnabel halten. In der Mercerisierung hat es immer kräftig nach Chemikalien gestunken, da verging einem der Appetit. In der Knitterfrei-Macherei war auch eine schlechte Luft, die Ventilatoren, von Lauge und Säure angefressen, liefen oft nicht. Hier unten, muß man leider sagen, war niemand politisiert, die haben nur Courths-Mahler gelesen. Wenn man agitierte für ein paar zusätzliche Ferientage, fünf statt drei Tage im Jahr, mußte man sich von alten Arbeitern, die vierzig Jahre im Betrieb waren, sagen lassen: Bisher ist es auch gegangen, wir haben immer genug Ferien gehabt. Viele haben zwar die Ausbeutung gespürt, sagten aber nur: Wa wötsch denn mache? Das war der Refrain.

In der Fabrik durfte man nicht wissen, daß Otto S. Kommunist war, man hätte ihn entlassen. Der Prokurist Solenthaler weiß es heute noch nicht. Otto hat am 18. Februar 1956, anonym, einen Artikel im *Vorwärts* erscheinen lassen unter dem Titel: *Das schlechte Gewissen – Zu kleine Löhne in der sankt-gallischen Textilindustrie*. Darin heißt es u. a.:

Kein Zweifel, die St. Galler Textilindustriellen werden zurzeit mordsmäßig vom bösen Gewissen geplagt. Da kamen sie neulich, am 13. Januar 1956, eingeladen von der »Vereinigung für freies Unternehmertum«, im Hotel »Schiff« zusammen und übten während zweier Stunden seufzend und jammernd Kritik und Selbstkritik. (...) Im Drange, möglichst viel Geld aus ihren Arbeitern zu pressen, bekommen es nämlich die biedern St. Galler Textilherren von Jahr zu Jahr mehr mit der Angst vor dem Kommunismus zu tun. Sagte doch bereits zitierter Mr. Niederer (er hat in Amerika während langer Zeit »wirtschaftliche Studien« betrieben, daher wird er es uns kaum übel nehmen, wenn wir ihn mit »Mister« titulieren) höchstselbst: »Was die Lohnhöhe betrifft, so setzen heute noch viele Gesamtarbeitsverträge den Mindestlohn auf Fr. 2.– für Männer und

Der Bruder Otto S., pensionierter Fergger, 1975.

Fr. 1.45 für Frauen fest. Wenn aber eine mehrköpfige Familie von 400 oder 500 Franken im Monat leben soll, dann darf man sich nicht wundern, wenn die Radikalisierung Wurzeln faßt« (...) *In dem Fall werden jetzt die St. Galler Textilbosse zweifellos die Löhne gewaltig heraufrücken, jetzt, da ihnen die drohende »Radikalisierung« der Arbeiter so schwere Herzbeklemmungen zu bereiten beginnt. Oder am Ende doch nicht? Nein, von Lohnerhöhungen vernahm man an jenem Abend im »Schiff« nicht viel, dafür umso mehr von einem Vorschlag, der dahin zielte, in Zukunft »zwei Geschäftsberichte zu publizieren, einen für die Aktionäre und Geschäftsfreunde und einen für die Belegschaft«* ... *Des weiteren empfahl man den angstgepeinigten Fabrikanten, wieder etwas mehr ans Christentum zu denken, bzw. vor allem ihre Belegschaften ans Christentum zu erinnern, auf daß im Zeichen des Kreuzes der Kommunismus, der böse, von den stillen Fabriktälern des St. Gallerlandes ferngehalten werden könnte* (...) [26]

Otto S. hat die Textilindustrie lange am eigenen Leib erfahren, Sitterthal, Färberei Kunz (Oberst Kunz), Bischoff-Textil, wo er die letzten zwölf Jahre als Vorarbeiter und Fergger verbrachte. Ein bißchen resigniert, weil er aus politischen Gründen immer von neuem die Stelle wechseln mußte, hat er schließlich bei Bischoff-Textil ganz auf die Politik verzichtet und setzte sich so für die Firma ein, daß er wegen Überarbeitung dreimal einen Herzinfarkt erlitt. Vor einigen Jahren mußte er vorzeitig pensioniert werden. Nach zwölfjähriger Betriebszugehörigkeit zahlte ihm die Bischoff-Textil eine einmalige Abfindung von 7800 Franken aus, was nicht ganz der Hälfte seines letzten Jahreslohns entspricht. Er lebt heute von der Invalidenrente, AHV-berechtigt ist er noch nicht. Schwer asthmakrank, muß er auf den vierten Herzinfarkt gefaßt sein. Mit einer Halbtagsarbeit versucht seine Frau das magere Budget aufzubessern. Die beiden sind vor kurzem aus St. Gallen weggezogen nach Abtwil, weil ihre alte Wohnung in der Felsenstraße vom Eigentümer Dr. Bärlocher renoviert und verteuert wurde. Jetzt leben sie wieder dort, wo schon der Vater war. Der Friedhof ist auch in der Nähe, und die subversiven Grabsprüche sind immer noch verboten. Hier ruht der Fergger S. . . .

Ernst S. jedoch, frisch gebleicht, gefärbt, appretiert, transparentiert, opalisiert durch seinen Einstand im Fabrikleben, verkam und nahm sich Freiheiten heraus, die einem Lumpenproletarier nicht zustanden. Zu hoch nicht hinaus, es geht übel aus! S. verließ die Färberei Sitterthal. Man beobachtete ihn, wie er müßig umherschlenderte. Dr. Pfister beschreibt die Folgen:

»So wurde das evangelische Pfarramt Bruggen-St. Gallen auf ihn aufmerksam und erreichte am 6. November 1935 seine Einweisung in die Erziehungsanstalt Langhalde, Gemeinde Gaiserwald« [27]. Man konnte ihm zwar kein Delikt nachweisen, allein, sein Müßiggang war in dieser fleißigen Stadt verdächtig genug. Er wurde oft im unbeschäftigten Zustand angetroffen, hatte gar das Verlangen geäußert gegenüber Pfarrer Kutter, »nur die Lehre würde er annehmen, die er wünsche« [28]. Er wollte nämlich unbedingt Flugzeugmechaniker werden. Da griff Pfarrer Kutter energisch durch, veranlaßte den Entzug der Vaterschaft, die Emil S. senior bisher an Ernst ausgeübt hatte, und die Bestellung Leonhard Spreiters zum Vormund. Bisher hatte Ernst bei seinem Schwager Keller-S. an der Moosmühlenstraße 50 gewohnt, und der begüterte Pfarrer Kutter hat drei Monate lang je 30 Franken an die Unterhaltskosten beigesteuert, weigerte sich aber, »weiter zu zahlen« [29]. Die politische Gemeinde Gaiserwald beantragte darauf, »S. sen. die elterliche Gewalt zu entziehen, denn der Vater wirkt auf den Burschen keinesfalls autoritär. Es gilt, den Jungen durch Bevormundung und deren Folgen noch

zu einem brauchbaren Glied der menschlichen Gesellschaft zu machen« [30].
In der Erziehungsanstalt Langhalde in Abtwil scheint es S. nicht schlecht gefallen zu haben, er blieb jedenfalls anderthalb Jahre dort. Auf dem Giebel der Anstalt, die damals Herr und Frau Widmer leiteten, steht geschrieben:

> *Der hat sein Leben*
> *Am besten verbracht*
> *Der die meisten Menschen*
> *Hat frohgemacht.*

Er sei ein Romantiker gewesen, sagt Frau Widmer, und wäre gern ohne Mühe ein großer Herr geworden. Die Anstalt Langhalde wird finanziell getragen von einem Verein, der dem Pietismus nahesteht. Eingewiesen wurden fast nur Arbeiterkinder, die »moralische Schwierigkeiten hatten, Schuldiebstähle begangen oder eine mangelnde Schulintelligenz besaßen« [31]. Auch viele Bettnässer, die man nirgendwo sonst versorgen konnte, kamen in die Langhalde. Schon 1840, im Zuge der Industrialisierung, als Arbeitsplatz und Wohnort immer weiter auseinandergerissen und die Folgen für das Familienleben sichtbar wurden, gründete man an der Wassergasse in St. Gallen die erste derartige Anstalt. Damals nannte man sie Rettungsanstalt, dann Erziehungsanstalt, Erziehungsheim und schließlich Kinderheim. Um halb sieben war Tagwacht und Frühturnen, um sieben Morgenessen mit Beten, Choral und Losungsspruch, dann Hausarbeit, von 8–12 Uhr Schule im Haus. Nachmittags durften die Zöglinge im Garten jäten oder landwirtschaftlich tätig werden, heuen und dergleichen. Schließlich wurde noch Studierzeit eingeschaltet, und um halb neun gings ins Bett. Es waren damals 36–40 Insassen im Heim, Jungen und Mädchen, aber es kamen nicht, wie heute üblich, Liebeleien vor, die eventuell gar in Geschlechtsverkehr ausarten. Schwärmen war jedoch gestattet, und das zeigte sich dergestalt, daß die Mädchen, welche in der Haushaltlehrschule Socken flickten, die Socken ihres heimlichen Schatzes stopfen durften. So etwas habe man ihnen eingeräumt. S. war in der Langhalde wohlgelitten, durfte in die Blechmusik Abtwil eintreten, benützte jedoch seine Trompete dazu, einer Insassin der Langhalde, in die er sich verliebte, vom Waldrand aus Ständchen zu bringen nach dem Lichterlöschen. Frau Widmer kann sich erinnern: vorzüglich habe er trompetet, meist Melodien wie »Es wär zu schön gewesen, es hat nicht sollen sein« oder »Wie die Blümchen draußen zittern«. Seine Musikalität sei überdurchschnittlich gewesen, und so sei eine Praktikantin der Anstalt auf die Idee gekommen, ihm Gesangstunden in der Opern- und Gesangschule Baerlocher-Keller (St. Gallen) zu finanzieren. Das habe ihm dann vielleicht ein wenig den Kopf verdreht. Jedoch habe er zu keinen besonderen Beanstandungen Anlaß geboten. Das Leben in der Anstalt sei windstill und ruhig gewesen. Während seiner ganzen Regierungszeit, sagt Herr Widmer, seien nur drei Zöglinge in die Fremdenlegion abgehauen. (S. machte auch einen Versuch, aber erst später.) Nach der Konfirmation habe man Ernst dann entlassen. Er sei immer gern zu Besuch gekommen und habe sich dankbar gezeigt.

Am 24. November 1936 kehrte er nach St. Gallen zurück. Die amtliche Jugendschutz-Kommission St. Gallen-West bezeichnete ihn damals als

... der äußern und innern Verwahrlosung anheimgestellt. Es fehlte ihm die Ordnung, es mangelte ihm die Zucht, und nirgends fand er Liebe. Seine Lebensordnung verwilderte, Empfinden und Gemüt wurden von grober Selbstsucht und triebhafter Willkür überwuchert. Ernst S. fand nie mehr ein geordnetes, andauernd treues Verhältnis zu seiner Umwelt, weder zu Sachen noch zu Personen. Er hat dem Heim (Langhalde) und der um ihn äußerst besorgten Leitung wenig Dank gewußt. Er hat durch seine Disciplinlosigkeit,

seinen unwahren und hinterhältigen Charakter das Heim schwer belastet. [32]

Er war in St. Gallen längere Zeit arbeitslos, sein Vormund Spreiter (vormals Hungerbühlerstraße in Bruggen, heute Pestalozzistraße in Rorschach) versuchte, ihn als Maurer oder Pflästerer unterzubringen, aber man wollte ihn nicht. »In der Langhalde war man ein wenig streng und ein wenig fromm mit den Gofen«, sagt Frau Spreiter heute, »das ist der Lauf der Welt, wenn man nicht arbeitet, hat man kein Geld«. Der Lehrer Spreiter hat im Lauf seines Lebens etwa achtzig Mündel gehabt, konnte also nicht genügend auf jeden einzelnen aufpassen. Welcher Vater kann achtzig Kinder betreuen? Ein hübscher Bursch sei er gewesen, aber alleweil ein labiler, sie hätten ihn nie vor der Tür abgefertigt, sondern immer in die Stube gebeten. Jedoch, »werchen« wollte er nicht gern, wollte immer hoch hinaus. Sie hätten dem Bub zugeredet, er solle sich doch zusammennehmen, er solle lernen und die Arbeit einfach machen, die man ihn machen heiße, damit er einen Mann abgäbe. Er habe zu allem ja gesagt, aber trotzdem gemacht, was er wollte.

Dann habe man ihn durch Vermittlung von Pfarrer Kutter im Arbeitslager Carona (Tessin) untergebracht, wo es ihm nur zu gut gefallen habe, denn dort lernte man nichts, man »hatte nur den Plausch« [33]. Später meldete er sich freiwillig in ein Arbeitslager am Campolungopaß, »wo er wieder volle Befriedigung gefunden habe« [34]. In Schulhäusern, Wirtshäusern, und in der »Herberge zur Heimat« habe er Böden geputzt, um sich notdürftig durchzuschlagen. In dieser Herberge, an der Wassergasse, die ursprünglich als Unterkunft für Handwerksburschen gedacht war, habe er eventuell Taugenichtse, Landstreicher und andere Arbeitsscheue getroffen, die ihm nicht gefrommt hätten.

Im Sommer 1937 »wurde der Versuch einer Berufslehre unternommen« [35]. Die Heimatgemeinde Hettlingen

lehnte aber von vornherein jede Kostendeckung ab und begründete dies am 6. Juni 1937 folgendermaßen:
S. Ernst ist uns als ein ganz abgefeimter Junge bekannt. Für eine Berufslehre taugt er nicht. Wir haben ihm vor ca. 1 1/2 Jahren zu einer Lehrstelle als Schreiner ferhelfen wollen, aber er hat sich selber zu uns persönlich geäußert, daß er doch nicht aushalten könne. Er war 1 Jahr in der Erziehungsanstalt Langhalde untergebracht. Auf unsern persönlichen Besuch von 2 Mitglieder der Armenpflege in der Anstalt erhielten wir vom Direktor die schlechtesten Aussagen. Er mußte ihn entlassen, weil er ihm noch die andern Jungen ferdarb. Übrigens muß man ein solcher Kerl nur anschauen, so weiß man was mit ihm los ist. Es ist schade für jeden Rappen, welche wir für ein solch miserablen Kerl ausgeben mußten. – Nach der Entlassung aus der Anstalt war er bei seinem Schwager Keusen untergebracht, aber auch dort konnte man ihn nicht gebrauchen, weil er eben ein arbeitsscheuer Bursche ist. Für uns kommt nur noch eine Zwangsfersorgung in Frage. Der Präsident: Johann Angst, der Aktuar: W. Schwarz. [36]
Da er nicht die Lehre machen wollte, zu der ihm die Heimatgemeinde Hettlingen ›ferhalf‹ und weil man ein solch ›miserabler‹ Kerl nirgends brauchen konnte, da er noch die andern Jungen ›ferdarb‹, mußte der nunmehr ganz abgefeimte Ernst mit Saisonstellen vorlieb nehmen. Er schaffte im Sommer 1937 als Hilfsarbeiter in der Konservenfabrik St. Gallen-Winkeln. Das war eine damals noch junge Fabrik, die im Sommer dreimal soviel Leute beschäftigte wie im Winter (Gründungsjahr 1931). Die Saisonarbeiter, welche damals noch Schweizer und Schweizerinnen waren, verdingten sich im Winter in die Webereien oder machten Heimarbeit. Im Juni wurden Erbsen gerüstet, im Herbst Äpfel. Bohnen und Karotten wurden in Heimarbeit ausgegeben, die Frauen putzten diese Produkte zu Hause und wurden pro Kilo bezahlt. Es ist nicht bekannt, ob

Ernst S. mit dem Ausladen von Früchten und Gemüsen oder in der Dosenfabrikation beschäftigt war, wo den ganzen Tag Ösen und Henkel an den Confitürenkübeln befestigt wurden. Eine ehemalige Arbeiterin, die unterdessen ins Büro aufgerückt ist, sagt, die Saisonarbeiter hätten damals von morgens 4 Uhr bis abends 10 Uhr geschafft, oft aber auch bis Mitternacht, denn es habe pressiert. Die Männer verdienten zu Zeiten von S. zwischen 80 Rappen und 1 Franken, die Frauen 45 bis 55 Rappen. Im Winter zählte die Belegschaft 50–100 Arbeitskräfte, im Sommer 300. Manchmal sei man überhaupt nicht zu den Kleidern herausgekommen. Es gab damals anderthalb Stunden Mittagszeit, keine Pensionskasse, nach dem ersten Jahr Betriebszugehörigkeit drei Tage Ferien. Die »St. Galler Konserven«, die hier fabriziert wurden, hatten dank ihrer Qualität einen vorzüglichen Ruf. Nur das »höhere Personal« wurde im Monatslohn bezahlt. Die ersten Fremdarbeiter kamen 1947, die Familie Scandola (Mitinhaber der Fabrik) verfügte über gute Beziehungen zu Italien, »ein Lieferant, der Gemüse lieferte, hat die erste Serie Fremdarbeiter geschickt« [37]. Heute ist die Konservenfabrik Winkeln kein Familienunternehmen mehr (vormals Scandola-Hueblin-Müller-Matile), sie wurde in den Hero-Konzern eingegliedert, und statt der industriellen Reservearmee, die früher aus den Dörfern des Fürstenlandes in die Fabrik strömte und nach der Saison abrupt entlassen wurde, arbeiten heute 70% Fremdarbeiter für die »St. Galler Konserven«. 1937 gab es hier keine Gewerkschaften, dafür war die Firma noch zu jung. Erst 1938, als die Ravioliproduktion anhub, setzte auch eine relative Stabilität in der Belegschaft ein: Ravioli konnte man das ganze Jahr über fabrizieren, man mußte nicht mehr so viele Saisonniers im Herbst entlassen. Italiener, Spanier und Portugiesen verrichten heute die Arbeit von Ernst S. Früher war jeder dankbar, wenn er ins permanente Personal aufgenommen

wurde. So wurde die Belegschaft gefügig gehalten. Die Unternehmer konnten auswählen. Auch Fünfzehnjährige durften damals in der Fabrik arbeiten, aber »nur die gewöhnlichen neun Stunden« [38], der 18- oder 20stündige Arbeitstag war immerhin den Erwachsenen vorbehalten.
Wählerisch wie immer mochte S. nicht bei den Äpfeln, Erbsen und Confitürenkübeln bleiben. Es sei eine »sauschwere Arbeit gewesen mit viel Überstunden und Nachtschicht« [39], meinte er. Der Vormund Leonhard Spreiter von der Hungerbühlerstraße schrieb damals an die Armenverwaltung St. Gallen:
Nach einigen Wochen aber lief Ernst wegen irgend eines nichtigen Vorfalls aus der Arbeit und wurde entlassen. Dann wurde er Ausläufer bei der Bäckerei Ackermann, Rosenbergstraße 77. Da er vor einigen Tagen nicht zur Arbeit erschien, wird es nötig sein, ihn polizeilich suchen zu lassen. Unter Berücksichtigung der vorstehend geschilderten Verhältnisse komme ich zum Entschluß, der Vormundschaftsbehörde zu beantragen, es sei Ernst S. sofort nach Feststellung seines Aufenthalts in einer Anstalt unterzubringen. [40]
Darauf bat der Stadtrat Dr. R. Keel das Tit. Polizeiinspektorat St. Gallen, »den Burschen auszuforschen und bei Auffinden ihn uns zuführen zu lassen«. Bald war S. ausgeforscht und zugeführt, und der Armenverwaltung erschien »es notwendig, den jungen Mann anstaltlich zu versorgen, da er zumeist aus eigenem Verschulden sich an einer Arbeitsstelle nicht halten kann und einen Hang zum Herumschlendern zeigt (...). Da sich S. in der Freiheit nicht bewährt hat, kann als Versorgungsort nur noch eine Anstalt in Frage kommen«. S. hatte immer noch nicht begriffen, daß »Herumschlendern« ein Delikt war oder doch ein Grund zur Versorgung. Er gab Dr. Keel zu Protokoll:

*Aus der Konservenfabrik lief ich davon, weil ich den
Verleider hatte. Bei Ackermann lief ich weg, weil ich nach
meiner Ansicht zu wenig Essen bekam. Zu vieren bekamen
wir, was ich alleine hätte essen mögen. Wenn man will,
mag man mich in einer Anstalt versorgen, ich habe ja doch
nichts dazu zu sagen.* [41]
Jedoch das Herumschlendern in St. Gallen genügte ihm
nicht. Da er ein Romantiker war, zog es ihn fort ins Tessin,
das er im Arbeitslager Carona schätzengelernt hatte. »Da
habe er sich nach dem Schlaraffenleben im Tessin gesehnt,
das er nach der Entlassung aus dem Arbeitsdienst einige
Wochen kennen gelernt habe. Es übe einfach einen sonderbaren Reiz auf ihn aus, so in einer wildfremden Stadt, wo
er nichts verstehe und niemand ihn kenne, herumzutreiben.
Damals habe er in der Jugendherberge Locarno-Muralto
logiert und sei von seinen Brüdern [42] unterstützt worden. Am 1. August 1937 habe er sich von einem Auto bis
Biasca mitnehmen lassen, sei dann als blinder Passagier in
einem leeren Kohlenwagen der Gotthardbahn bei strömendem Regenwetter bis nach Erstfeld gefahren, von dort am
2. August frühmorgens zu Fuß bis nach Walchwil marschiert, von wo ihn wieder ein Personenauto mit nach
Zürich geführt habe. Bei seinem Bruder in Zürich schlief er
sich aus, nahm dann wieder den Weg unter die Füße, um
nach St. Gallen zurückzukehren. In Wil verschlief er sich
auf einer Bank, erweckte damit bei einem Homosexuellen
Mitleid, ließ sich von ihm Essen und Tranksame zahlen,
bekam dann aber plötzlich derartigen Abscheu vor dessen
Liebesanträgen, daß er kurzerhand ein Fahrrad stahl und
nach St. Gallen fuhr, dies, obwohl er in Wil einen begüterten Onkel hatte, bei dem er bestimmt hätte Unterkunft
oder Fahrgeld erhalten können. Das Velo sei ihm dann in
St. Gallen auch wieder gestohlen worden, worauf er in
nicht leicht verständlicher Weise zum Gemeindeammann in
Abtwil lief, um diesen Diebstahl des von ihm gestohlenen

Fahrrades anzuzeigen« [43]. Darauf wurde S. vom Bezirksgericht Wil wegen qualifizierten Diebstahls (Fahrraddiebstahl) bedingt zu vierzehn Tagen Gefängnis bei drei Jahren Strafaufschub und drei Jahren Schutzaufsicht verurteilt. (Urteil vom 10. Januar 1938.)
Nun wurde ein frischer Vormund ausprobiert, Dr. Wolfer aus Winterthur (weil S. im zürcherischen Hettlingen beheimatet war) und eine frische Anstalt, das Pestalozziheim Neuhof in Birr (Aargau). S. erkannte endlich, daß die Freiheit, in der er sich nicht bewährt hatte, unbekömmlich war. Der Vormund Dr. Wolfer berichtet:
Zunächst war sein ganzes Trachten nur darauf abgestellt, möglichst bald wieder herauszukommen. Deshalb konnte er sich zu einer Berufslehre auch lange nicht entschließen. Schließlich drängte er hartnäckig darauf, eine Schneiderlehre zu machen, obschon ihm etwas anderes nahegelegt wurde. Die beruflichen Leistungen waren gut. Aber S. war ungewöhnlich heftigen Gemütsschwankungen unterworfen. Im Frühling 1939 befand er sich in einer erschütternden Hoffnungslosigkeit und Mutlosigkeit. Ich hatte die Entlassung vorgesehen, zur Plazierung in einer freien Schneiderlehre. Er wehrte sich mit allen Kräften gegen die Entlassung, indem er sagte, er sei sicher, es gehe draußen nicht, er tauge zu nichts. Es fehlte ihm an allem Lebensmut. Ich sah damals eine psychiatrische Begutachtung vor. Da die Gefahr bestand, S. werde zu einem Fürsorgeneurotiker, wurde er zu einem guten Schneider in Wauwil Ende Mai 1939 versetzt. (...) Er verkaufte bereits am 11. Juni 1939 ein Paar neue Schuhe und entwich zu seiner Schwester nach St. Gallen. [44]
Beim guten Schneider von Wauwil wurde S. von eigenartigen Empfindungen durchzuckt. Er schrieb seinem zweiten Vormund am 2. Juni 1939 einen Brief.
... Ich möchte Ihnen jetzt doch einmal über meine Sache Klarheit verschaffen, also meine Lehre möchte ich unter

keinen Umständen fertig machen, es ist ja schrecklich, ja sogar eine Gemeinheit, einem in ein solches Negerkaff zu verbannen, man hört den ganzen Tag nichts als das monotone Geratter der Eisenbahn, und dazu fahren die Züge nach Mailand, Rom, Berlin und Paris, und jagen einem ein fürchterliches Reisefieber ein. (...) Ich suche mir eine Arbeit, bei der ich etwas verdienen kann u. wenn Sie mich dort wieder abschleppen lassen, so werde ich halt eben ein Zuchthäusler, das macht mir jetzt nichts mehr aus, man will es ja so haben ... wenn es nicht anders geht, so werde ich mich an der ersten besten Starkstromleitung aufhängen, oder mir den Kopf abkarren lassen ... Militärdienst mache ich auch keinen mehr, ein solch ohnmächtiges Vaterland werde ich nie u. nimmer verteidigen, in andern Ländern kann ich auch ausgeplündert werden ... Ich habe das Recht frei zu sein, oder dann gehe ich zum Hitler, es wäre recht, wenn er käme, und den Sklavenhandel ausrotten würde. Ich würde »Ihn« mit offenen Armen empfangen, bevor ich nun mein Quartier im Zuchthaus beziehe, werde ich einen Artikel über Sklavenhandel und Vogtei in der Zeitung erscheinen lassen. − Achtungsvoll und doch wütend grüßt Ernst S. (Sklave), Wauwil (Negerviertel), Kt. Luzern. [45]

Diesen Brief würde jemand, der keine akademische Ausbildung genossen hat, auf dem Hintergrund der Erfahrungen von S. vielleicht als erfrischend bezeichnen. Die Schwankungen zwischen Anpassung und Widerstand, Auflehnung und Todeswunsch sind begreiflich, wenn man soviel erlebt hat wie Ernst S. Der Gutachter Dr. Pfister hat in dem Brief nur »unbeherrschte Zwiespältigkeit« gesehen; und »noch bezeichnender für die unbeherrschte Zwiespältigkeit des Exploranden ist sein letzter an den Vormund Dr. Wolfer gerichtete Brief vom 4. April 1940« [46]:

Ich bin nun schon der 9. Monat im Militär, und bald 21 Jahre alt. Ich hätte jetzt gerne einmal meinen Freiheitsbrief,

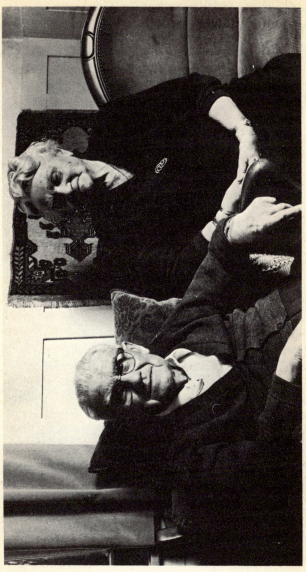

Das Vormundehepaar Spreiter, vormals St. Gallen, heute Rorschach, 1975.

u. die Akten, in denen meine Verbrechen verewigt sind. Oder wollt Ihr mich noch länger vogten? ... Ich sage Ihnen Herr Dr. Wolfer, ich könnte manchmal bersten vor Wut, daß ich mir das habe gefallen lassen, daß man mich so vogtete. Sie waren zwar noch gut mit mir, denn bei einem andern, der überhaupt nicht nach mir gefragt, und nur nach seinem Willen gehandelt hätte, dann hätte ich gerade aus purem Zorn und Trotz mich nicht gebessert, od. wenigstens überall gestreikt. Also sie waren ein guter Mensch und sind es heute noch, und daß Sie es gut meinten, das habe ich auch gemerkt, aber ich hasse Sie trotzdem, gerade weil Sie mein Vogt sind. Als Mensch sind Sie gut und ich bin Ihnen dankbar für die Mühe, die Sie sich für mich genommen haben, ich höre heute noch, als Sie damals in St. Gallen ins Tram gestiegen sind, als Sie sagten: »Heb di guet«, das hat mir gut getan, und ich denke noch öfters daran. Daß aber solche Prachtsmenschen dem unmöglichen Problem der gewaltsamen Menschenbesserung verfallen, das ist eine unverzeihliche Sünde vor Gott ... [47]
Dr. Hans-Oscar Pfister, vermutlich in einer beherrschten Einspältigkeit behaust, so daß er diesen Brief des S. als unbeherrscht zwiespältig bezeichnen konnte, muß eine bemerkenswerte Seelenstruktur aufweisen. Leider wurde Dr. Pfister nie von Ernst S. untersucht, so daß wir nicht wissen, ob der junge Hans-Oscar im Alter von 21 Jahren (da saß er vermutlich seine ersten Semester ab, während S. in der Anstalt saß) ebenso scharfsinnig-analytische Briefe schrieb wie Ernst S. Mit einer entsprechenden Ausbildung versehen, wäre der ausdrucksfähige S. vermutlich Journalist oder Schriftsteller geworden. Item, nachdem man lange genug auf Ernst herumgetrampelt war, hat er sich angepaßt, wenigstens verbal, »man wollte es ja so haben«, und er hatte »ja doch nichts dazu zu sagen«.

*

Ernst S. ist kein Kuriosum. Er ist auch keine Antiquität. Er ist die Lackmusprobe: er zwingt die Gesellschaft, Farbe zu bekennen. Er macht Strukturen sichtbar. Da lehnt sich einer behutsam auf, verhält sich ein wenig anders als seine Klassengenossen, und schon schlägt die Gesellschaft mit voller Wucht zu. Sie schlägt nach unten, mit Vorliebe nach ganz unten, auf die Lumpenproletarier. S. war normal, unerlaubt normal, aber nicht genormt. Er wollte, wenn auch nur in vorsichtigen Zügen, das Leben genießen. Das war ein »Vergehen«, wenn man nicht zu den Privilegierten gehörte und kein Geld hatte. Er wollte sich nicht ohne weiteres verwursten lassen. Das war verdächtig. Mit dem Onanieren fängt es an, mit dem Landesverrat hört es auf. Dazwischen die Weigerung, sich in der Fabrik ausbeuten zu lassen und der Wunsch, herumzuschlendern. Oder gar die Lust auf eine Flugzeugmechanikerlehre! Die Institutionen, welche diese Lüste austreiben sollen, sind miteinander verknüpft, die Schule mündet ins Pfarramt, das Pfarramt in die Erziehungsanstalt, die Vormundschaftsbehörde in die nächste Erziehungsanstalt, die Fabrik in die Armee. Parieren oder krepieren. Vom Exekutionspeleton erhält alles rückwirkend seine eigentliche Farbe: Fabrikpeleton, Schulpeleton, Vormundpeleton. Man sage nicht: S. ist die Ausnahme. Der gewaltige Apparat, den es brauchte, um ihn zu dressieren, hat auch andere kujoniert. Schon seine Existenz hat Tausende eingeschüchtert. S. ist vielmehr die Regel für das, was einem Lumpenproletarier oder einem Proletarier passiert, wenn er sich auflehnt. Daß den meisten nichts passiert, beweist demnach, daß sie sich klaglos unterdrücken lassen. Die Institutionen, die S. das Fürchten gelehrt haben, gibt es alle noch. Sie funktionieren meist reibungslos, wenn auch weniger brutal, doch an ihrem Mechanismus hat sich nichts geändert. Sie passen sich den veränderten Produktivkräften an, können aber jederzeit wieder mit der alten Blutrünstigkeit funktionieren. Im

Kriegsfall kann der Bundesrat, wenn eine rechte Hsyterie wütet, die Todesstrafe wieder einführen, dann gibt es wieder geheime Militärgerichtsverhandlungen, und es wird die Vorbestraften, die Ausgeflippten treffen, diejenigen, die keine gesellschaftliche Macht haben. (Vielleicht würde es auch ein paar kommunistische Fremdarbeiter treffen, die jetzt die Arbeit des S. verrichten, wegen »Sabotage« oder so?) Die Gesellschaft, die heute funktioniert, ist ohne die »große Einschließung«, wie der Historiker Michel Foucault das nennt, nicht denkbar: Vagantentum ist deshalb ein Verbrechen, weil es der Produktion Arbeitskräfte entzieht. Der herrschenden Klasse entglitte die Herrschaft über die Produktionsmittel, wenn die Arbeiter faulenzten oder gar nach ihren eigenen Vorstellungen produzierten. S. hat das nicht versucht, er war zu jung um politisch aktiv zu werden, in dieser entpolitisierten St. Galler Welt war das in seinem Alter kaum möglich. Er hat vorerst einmal die Unterdrückung gespürt, dazu war er sensibel genug. Er schlenderte umher. Diese Sensibilität wollte man ihm austreiben, und das gelang teilweise. Sie kam jedoch immer wieder zurück. Hätte er länger gelebt . . . Vielleicht wäre er ausgewandert oder politisch militant geworden oder ein großer Tenor? Ich hätte ihn gerne gekannt. Er hat in derselben Stadt gelebt wie ich, und doch in einer ganz verschiedenen Welt, auf denselben paar Quadratkilometern, und doch auf einem fernen Archipel. Er im untersten Stock, ich im mittleren, und eine Stiege gab es nicht. Das St. Gallen meiner Kindheit war ein friedliches, betuliches, wenn auch grotesk-skurril-burleskes Städtchen, die Klassengegensätze habe ich nur schwach gespürt, und konnte sie erst im Nachhinein analysieren. Wir waren sehr behütet. Das *mörderische* St. Gallen habe ich erst entdeckt, als ich die Stationen des Lebenswegs von Ernst S. besuchte. Zwei Hälften einer Stadt, die nicht zusammenpassen. Wir zu Hause konnten immer noch lachen, wenn uns diese Stadt

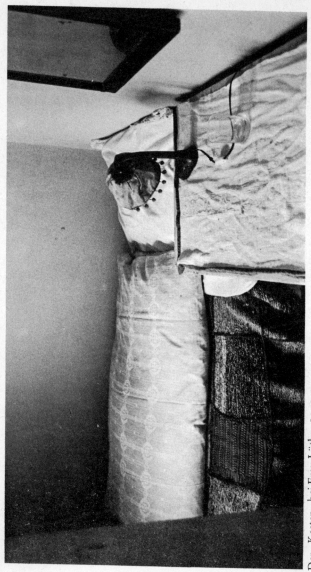

Der »Kasten« bei Frau Lüthy, 1975.

zu sauer wurde. S. und alle Arten von S. haben gar nichts mehr zu lachen. Ich habe ähnliche Anlagen wie S., aber weil ich im Kleinbürgertum geboren bin, hat man mir nachgesehen, was man dem S. nicht verzieh. Salut et Fraternité, Ernst!

※

Es ging dann weiter mit ihm, wie es gehen mußte. Rekrutenschule, die er wegen zu vieler Krankheitstage (Grippe, Impffolgen) gleich zweimal machen durfte, ein schlechtes militärisches Führungszeugnis (»Schwieriges Subjekt, Einzelgänger, Lügner, Psychopath«), disziplinarische Bestrafung wegen »ungebührlichen Benehmens gegen Vorgesetzte, Nachlässigkeit bei der Arbeit und zu spätem Einrücken, nachträgliches Pferdeputzen« und anderes mehr. Ein Abstecher zur Firma Ganzoni, ein Schändungsversuch an der Sitter, ein Gastspiel als Provisionsreisender bei der Firma H. A. Opitz, ein paar Wochen bei der Stadtgärtnerei, wo er dazu beitrug, daß die »Stadt im grünen Ring«, wie St. Gallen gern genannt wird, sauber grünte. Und dann noch die Weiterbildung seiner Singstimme in der Gesang- und Opernschule Baerlocher-Keller. Und als Statist am Stadttheater ist er auch eingesprungen. Damals hat er bei der Frau Lüthy das Zimmer gehabt, Zeughausgasse 20, im Schatten der Klostertürme. Ein Zimmer, das man »den Kasten« nannte, weil es so klein war »Dä isch scho lang verfuulet«, sagt Frau Lüthy. In jener Nacht um 2 Uhr, als die Polizei ihn abholte, habe der Ernst es noch nicht tragisch genommen, habe im Treppenhaus nochmals zurückgeschaut und ihr lachend zugerufen: Gut Nacht, Frau Lüthy, worauf sie auch gesagt habe: Gut Nacht! Er sei immer gut angezogen gewesen, und die Artikel, die er für die Firma Opitz vertrieb, waren nichts wert. Ein ruhiger Bürger sei er gewesen, habe außer seinem Singen keinen Lärm gemacht. Und immer hat er geglaubt, daß er mit seiner Stimme einmal etwas erreicht. Schon von weitem habe man ihn jeweils kommen hören mit seiner Tenorstimme, singend sei er immer gekommen, ihr Schwiegersohn hat S. auf dem Klavier begleitet, wenn er Arien aus Léhars »Land des Lächelns« sang. Übrigens, zur gleichen Zeit sei doch die Geschichte mit jenem Offizier gewesen, der »einen großen Landesverrat machte«, der wurde degradiert und hat »bedingt« erhalten. Sie habe damals einem hohen Herrn gesagt: Den habt ihr laufenlassen, und ihn habt ihr erschossen, und der hohe Herr sagte darauf: Ja, für den war halt schon die Degradierung viel, worauf Frau Lüthy erwiderte: Aber nicht so viel wie das Erschießen für diesen da! Sie habe an der Beerdigung teilnehmen wollen, doch die Kantonspolizei sagte: Da gibt es keine Beerdigung. Sie hat ihn gern gehabt, und es sei ein Justizmord gewesen. Damenbesuch war übrigens nicht erlaubt im Kasten.

Deshalb mußte S. sich an der Sitter vergnügen mit dem Mädchen, welches damals seine Freundin war. Gut gewachsen, nur das Gesicht nicht so schön, sagt der Schneider A. [48], der sie gekannt hat, noch jung, aber schon gänzlich erblüht, eine sechzehnjährige Realschülerin. Sie hätten sich geliebt, auch seien sie nackt in der Sitter geschwommen. In Dr. Pfisters Sprache übersetzt heißt es:

Während eines Urlaubes im Sommer 1941 hat S. gegenüber einem 16jährigen Mädchen auf einem Badeplatz an der Sitter einen Schändungsversuch unternommen. Durch Zufall wurde der Tatbestand den polizeilichen Instanzen bekannt. Das Bezirksgericht St. Gallen II verurteilte ihn am 3. November 1941 bedingt zu einer Buße von Fr. 50.– bei einem Strafaufschub von 2 Jahren. Expl. bemerkt dazu, es habe sich eben um ein »verführerisches Krötli« gehandelt. [49]

Der Lehrer des verführerischen Krötlis hatte jedoch Unrat gewittert und Ernst S. angezeigt. Die Zimmerdurchsu-

chung förderte einen Liebesbrief der Gertrud K. an S. zutage, der leidenschaftlich und »sexuell hemmungslos« war, die Strafuntersuchung begann. S. und die Gertrud K. wurden gesondert untersucht, mit dem Millimetermaß wurde geprüft, was da wie weit eingedrungen war, die Leidenschaft wurde juristisch erfaßt. Das Bezirksgericht hat »in tatsächliche und rechtliche Würdigung gezogen«:
1. Auf Grund eines bei Ernst S. vorgefundenen Briefes bestand Verdacht, daß zwischen S. und der Realschülerin Gertrud K. Unsittlichkeiten vorgekommen waren. Die Verdächtigte gab daraufhin in der Untersuchung an: Montag den 14. Juli 1941, an ihrem ersten Ferientag, sei sie zum Baden in die Sitter gegangen. Auf der Wiese beim Rechensteg sei sie von dem ihr damals noch nicht bekannten Ernst S. angesprochen worden. Dieser habe sie dann eingeladen, mit ihm auf der Nordseite der Sitter flußaufwärts zu spazieren. Hierauf hätten sie wieder die Sitter überquert und seien auf der andern Seite in den Wald hineingegangen, wo sie abgesessen seien. Nach anfänglichem »Schmusen« sei dann Ernst S. auf sie hinaufgelegen und habe unter ihrer Badehose seinen Geschlechtsteil an den ihrigen geführt. Er habe versucht, sein Glied in ihre Scheide einzuführen, was ihr aber Schmerzen verursacht habe, so daß sie abgewehrt hätte. Ob es zu einer innerlichen Vereinigung der Geschlechter und ob es beim Burschen zum Samenerguß gekommen sei, wisse sie nicht bestimmt. (...) Der daraufhin einvernommene Ernst S. gab die ihm vorgeworfene Verfehlung mit Gertrud K. zu. (...) Er habe den Eindruck gewonnen, daß das Mädchen zu einem Geschlechtsverkehr zu haben sei und ihr daher vorgeschlagen, über die Sitter an das bewaldete Südufer zu gehen. Dort hätten sie dann miteinander »geschmust«, wobei er darauf seinen Geschlechtsteil entblößt und ihn unter ihrer Badehose an den Geschlechtsteil der Gertrud K. geführt habe. Beim Versuch, den Geschlechtsakt auszuführen, habe

das Mädchen ihn aber mit der Bemerkung »Hör uf!« weggestoßen, worauf er nichts weiter mehr unternommen habe. Zu einer innerlichen Vereinigung der Geschlechter sei es nicht gekommen, sondern nur zu einer äußerlichen Berührung. Es sei auch kein Samenerguß eingetreten. (...)
[50]
(Es war eine Vorwegnahme: Ebenso minutiös wird der Autopsiebefund später festhalten, wo und wie weit die Kugeln in den Körper des Ernst S. eingedrungen waren.)
Item, Ernst S. und Gertrud K. haben alles zugegeben, möglicherweise sei sogar eine »immissio penis« erfolgt, doch »der Beweis, daß im konkreten Fall alle zur Unzucht nötigen Handlungen von seiten des Ernst S. erfolgt seien, ist laut ärztlichem Gutachten trotz der vorhandenen Defloration nicht geleistet, denn die Einrisse des Hymens können ebensogut durch die vom Mädchen zugestandene Onanie entstanden sein«. Unbekannt ist, ob S. wirklich den Ausdruck »Geschlechtsverkehr« und nicht das volkstümliche »Vögeln« brauchte, als er ausgequetscht wurde, und ob er »Geschlechtsteil« sagte anstatt »Schwanz«. Vermutlich wurden ihm und Gertrud K. klinische Ausdrücke in den Mund gelegt, die sie aus eigener Kraft nicht gebraucht hätten. Auch wird er seine »Handlungsweise« nicht als »Unzucht« empfunden haben, mußte aber vor dem Gericht heucheln, wollte er glimpflich davonkommen. So wurde er »des Schändungsversuchs schuldig erklärt und zu 50 Franken Geldstrafe verurteilt, bei Ansetzung einer Bewährungsfrist von zwei Jahren«. Außerdem bezahlte der Angeklagte die Kosten, insgesamt 73 Franken 50 Rappen. [51]
Dieser außerordentlich preiswerte Schändungsversuch hat Ernst S. und Gertrud K. dazu bewogen, es fortan heimlicher zu treiben miteinander, sich tiefer in den Mischwald an den seichten Ufern der Sitter zu verziehen. Heute käme er übrigens nicht mehr so billig davon, sagt Bezirksgerichtspräsident Morger in St. Gallen, für dieselbe Tat

müßte man nach dem neuen Strafgesetz mit drei Monaten Gefängnis rechnen. S. hat klugerweise seine Unzucht noch begangen, solange das kantonale Strafgesetz in Kraft war. Derselbe Straftatbestand würde heute ebenso hochnotpeinlich untersucht, und ungefähr in derselben Terminologie, nur das Latein wird heute eingedeutscht, es heißt vermutlich »Eindringen des Geschlechtsteils« statt »immissio penis«. So sagt Dr. Morger. Das Latein geht wirklich unaufhaltsam zurück.

Was S. als Statist am Stadttheater erlebte, ist schwer zu eruieren. Damals wurde ›Gilberte de Courgenay‹, das Dialektstück zur geistigen Landesverteidigung, mit großem Erfolg und immer wieder aufgeführt. Im Ensemble befanden sich vier Mitglieder der NSDAP (Nationalsozialistische Deutsche Arbeiterpartei), die jedoch gut Dialekt sprachen, so daß die ›Gilberte de Courgenay‹ nicht darunter litt. Heute ließe sich wegen der Überfremdung im Ensemble ein solches Stück kaum mehr aufführen, sagt Heinz Huggler, der Tenor am Stadttheater. Die vier NSDAP-Mitglieder sind dann nach dem Krieg entlassen worden, drei Chorsänger und der Komiker Fritz Bois, der sich auf den Verkauf von Staubsaugern verlegen mußte. Er war in St. Gallen ganz assimiliert und hat anderswo keine Anstellung mehr gefunden. [52] Politische Emigranten aus Deutschland, wie am Schauspielhaus Zürich, habe es am St. Galler Theater nicht gegeben, jedoch zahlreiche Auslandschweizer. Es wurde damals nicht politisiert am Theater, sagt Huggler, weder so noch so. Es war ein neutrales Theater.

Einige von den damals herrschenden St. Gallern waren nicht so neutral. Der deutsche Konsul, Weyrauch, berichtete nach Berlin, die sanktgallischen Behörden und andere Spitzen der Gesellschaft seien enorm deutschfreundlich eingestellt, während das einfache Volk eine geradezu groteske Deutschfeindlichkeit an den Tag lege. Der phantasiereiche Textilbaron Johann Arnold Mettler, freisinniger Politiker, verheiratet mit einer geborenen Specker, wurde im Volksmund »Hitler-Specker« genannt, weil er sich so heftig für die Zustände in Deutschland erwärmte. [53] Er war einer von jenen einflußreichen Schweizern gewesen, die in einer Petition an den Bundesrat eine weitgehende Anpassung der Schweiz an das Dritte Reich verlangt hatten. Mettler hatte die faschistische »Neue Basler Zeitung« mitfinanziert, hatte seinerzeit eine Kaution für fünf prominente schweizer Faschisten hinterlegt, die als Landesverräter verhaftet worden waren. Diese fünf benutzten die unverhoffte Freiheit und flohen nach Deutschland. Mettler-Specker wurde von der Justiz nie behelligt. Sein Sohn Hannes Martin Mettler hat sich in die Waffen-SS eingereiht, ist in der Sowjetunion für den Führer gestorben, am 6. 10. 1941 war die Todesanzeige im *St. Galler Tagblatt:* ». . . hat am 14. September 1941 bei Kiew den frühen Tod gefunden.«

Der Ingrimm des sanktgallischen Volkes über Mettler-Speckers Deutschlandbegeisterung, aber auch der Abscheu seiner jüdischen Textil-Geschäftspartner in aller Welt war 1939 derart angeschwollen, daß sich die Firma, im Interesse eines gesunden Umsatzes, von ihrem Seniorchef trennen mußte. Am 5. Januar 1939 veröffentlichte die Firma eine Erklärung: In einer außerordentlichen Generalversammlung sei der Verwaltungsratspräsident Arnold Mettler-Specker wegen »politischer Verwirrung« durch seinen Sohn ersetzt worden. Die Firma habe mit der Politik des Arnold Mettler-Specker nichts zu tun ... [54] Der zurückgetretene Verwaltungsratspräsident Mettler, geboren 1867, und 1945 termingerecht verblichen, lebt im Andenken seiner Mitbürger als Wohltäter fort. Im »St. Galler Bürgerbuch« figuriert er so: »Schulrat und Kantonsrat, hat als Freund von Kunst und Wissenschaft die kulturellen Institutionen der Stadt, vor allem die Museen, durch wie-

derholte Vergabungen tatkräftig unterstützt und war ein großer Förderer des Schulwesens, verdient auch um den Wildpark Peter und Paul.« Was hat er sonst noch gefördert? Das steht nicht im »Bürgerbuch«, sondern wird in der sozialistischen *Volksstimme* vom 5. Januar 1939 vermutet: Ob die Geldgeber, die eine deutschhörige Partei aufziehen wollten, Mettler-Specker und einige andere St. Galler seien?
Auch der Altwarenhändler und Kantonsrat Mario Karrer, der als Lumpensammler begonnen und früher dort sein Lager hatte, wo jetzt die Konservenfabrik Winkeln steht, war politisch recht aktiv, war Führer der rechtsgewickelten »Nationalen Opposition«, wurde erst im Mai 1943 mit allen Stimmen, bei einer Stimmenthaltung, aus dem Kantonsrat ausgeschlossen [55]. Denn »die polizeilichen Erhebungen wegen verbotenen Nachrichtendienstes hatten ergeben, daß die »Nationale Opposition« die demokratischen Grundlagen unseres Landes bekämpft und Ziele verfolgt hatte, die eine ernstliche Gefährdung unserer Unabhängigkeit bewirkten« [56], und so war denn Mario Karrer für das Kantonsparlament untragbar geworden. Ob allerdings die »polizeilichen Erhebungen« mit allem Nachdruck geführt wurden, ist nicht sicher. Bis 1939 war nämlich die sankt-gallische Polizei unter dem Kommando eines Inspektors gestanden, der sich auf die Bekämpfung der wenigen St. Galler Kommunisten spezialisiert hatte und für die zahlreichen Nazis eine unverhohlene Sympathie entwickelte. Dieser Inspektor Carl Kappeler war »im Volksmund als arroganter Typ, Nazi und Nürnberg-Reisender bekannt« [57]. Wie man den Akten des Politischen Archivs im Auswärtigen Amt in Bonn entnehmen kann, vermochte Kappeler zum Beispiel seine Verehrung für Hermann Göring überhaupt nicht mehr zu zügeln und hat dem Reichsmarschall 1937 zwei prächtige Steinböcke geschenkt, welche anscheinend dem sanktgallischen Wild-

park Peter und Paul entstammten und durch Vermittlung des deutschen Konsuls in Görings weitläufige Wildgehege verschickt wurden. 1938 hatte er dem Nürnberger Parteitag der Nationalsozialistischen Deutschen Arbeiterpartei beigewohnt, »um sich etwelchen Einblick zu verschaffen in das Wesen und die Entwicklung des Nationalsozialismus, vor allem aber in die gesamte Organisation (Verkehrsregelung, Verpflegung, Unterkunft usw.) dieser gewaltigen Veranstaltung. Maßgebend war also das fachkundliche Interesse an der Sache« [58], wie Inspektor Kappeler dem Stadtrat gegenüber zu Protokoll gab. Das »fachkundliche Interesse« Kappelers war allerdings groß, denn vielleicht mußte bald auch in der Schweiz eine Art Nürnberger Parteitag durchgeführt werden, Österreich war bereits von den Nazis annektiert, und Kappeler hat nach dem Einmarsch der Nazis in Österreich »in einer Wirtschaft seiner Abneigung gegen die österreichische Regierung und seinen Gefühlen für das Regime des Dritten Reiches in einer Weise Ausdruck verliehen, daß er damit den energischen Protest eines Gastes herausforderte« [59]. In der *Volksstimme* vom 11. November 1938 veröffentlichte Kappeler eine Erklärung, worin festgehalten wurde, daß er nicht zusammen mit Mettler-Specker, sondern ganz allein den Parteitag in Nürnberg besucht hatte ... Auf die Idee, den Nazi-Parteitag zu besuchen, war Kappeler vom deutschen Konsul in St. Gallen gebracht worden, als dieser seinen »Antrittsbesuch« beim Polizeiinspektor machte. Der deutsche Konsul hat sich erboten, ihm eine Eintrittskarte zur Kongreßhalle und eine Quartierkarte zu beschaffen. [60] Inspektor Kappeler wurde auf Grund dieser Vorkommnisse im Volk sehr unbeliebt, die sozialistische *Volksstimme* griff ihn an, der Stadtrat erteilte ihm schließlich einen schriftlichen Verweis, und Anfang 1939 wurde Kappeler (Diensteintritt 1911) auf eigenes Ersuchen frühzeitig pensioniert, »aus gesundheitlichen Gründen«. Die öffentlichen Anfeindungen hatten seine Gesundheit unterminiert. Es wurde ihm eine Invalidenpension bewilligt, als ob er ein Kriegsversehrter wäre, der im Dienste des Vaterlandes ein Glied verloren hatte. Als Pensionierter bezog er 65% seines letzten Gehalts. Er hat seine reichliche Freizeit dazu benutzt, für den deutschen Konsul in der Stadt herumzuschnüffeln. Ende 1940 meldete er dem Nazi-Konsulat auf dem Rosenberg: Es werde in St. Gallen von deutschen Exiljuden ein Komplott gegen das Leben Adolf Hitlers geschmiedet, worauf der Konsul beim Eidgenössischen Politischen Departement die Überwachung der betreffenden Juden erwirkte.

So glimpflich (und noch glimpflicher) kamen die Herrschenden und ihre Werkzeuge davon. Wenn man alle diese Beziehungen zu Faden schlägt, erhält man eine echte St. Galler-Stickerei, ein charmantes Gewebe aus den dreißiger- und vierziger Jahren, und manchmal ist ein Hakenkreuzlein eingestickt. Es ist alles sehr verknüpft. »Wendigsein und Bereitsein ist alles«, sagte Dr. Bauer von den Textildirektoren. Die St. Galler Bourgeoisie war in einem fort wendig. In derselben Familie Mettler setzte man auf zwei Pferde: Mettler-Specker auf das faschistische Modell des Kapitalismus, sein Sohn auf das liberale Modell. In den dreißiger Jahren schien Hitler sehr geeignet als Garant des Besitzstandes. Anfangs der vierziger Jahre sah man als aufgeklärter, weitgereister Bourgeois, dank der Beziehungen zur angelsächsischen Welt, die man als Stickereifabrikant hatte, daß der Faschismus im internationalen Kontext nicht mehr so viele Chancen hatte. In der Bourgeoisie hat man es ziemlich schnell gemerkt. Im Kleinbürgertum, das nicht so weltläufig war, dauerte es etwas länger. Noch 1943 soll es in St. Gallen einen harten Kern von 3–4000 Nazi-Sympathisanten gegeben haben, die sich jeweils im »Schützengarten« versammelten. Ganz unten, im Lumpenproletariat, waren die Verhältnisse wieder anders, da flackerten manchmal Sympathien für »den Hitler« auf, »der hoffentlich bald kommt und den Sklavenhandel hier ausrottet«, wie Ernst S. seinem Vormund schrieb. Ganz oben erhoffte man einen Schutz der Privilegien durch Hitler, ganz unten manchmal einen Abschaffung der Privilegien durch ihn. Oben nannte man es »politische Verwirrung«, wie bei Mettler-Specker oder »fehlende Rücksichtnahme auf das Urteil der Öffentlichkeit« (sagte der Stadtrat im Fall Kappeler). Unten nannte man es »Landesverrat«, wie bei Ernst S. Oben wurde pensioniert, unten wurde füsiliert. Da die Wut des Volkes über die Nazi-Sympathisanten groß war, und da man oben nicht erschießen konnte, ohne das System zu sprengen, mußte man die Wut nach unten ableiten, mußte gesellschaftlich ohnmächtige Individuen finden, die sich als Sündenböcke eigneten. Man konnte schlecht den Bundespräsidenten Pilet-Golaz erschießen, welcher 1940 in einer Radioansprache die Schweizer aufgefordert hatte, sich den neuen Verhältnissen in Europa anzupassen. Auch gegen den extrem deutschfreundlichen Oberstkorpskommandanten Ulrich Wille konnte man, scheint's, nicht viel machen, der den Nazi-Gesandten 1940, in einer Zeit höchster Bedrohung, aufforderte, die Absetzung seines eigenen Oberbefehlshabers (General Guisan) bei der schweizerischen Regierung zu erwirken. Und auch die Aktivitäten des bekannten Obersten Gustav Däniker, welcher das »totale Soldatentum« des Dritten Reiches als Vorbild für die Schweiz in einer berüchtigten Denkschrift propagierte, waren juristisch kaum erfaßbar, obwohl sie den antifaschistischen Widerstandswillen untergruben; der Oberst wurde nur disziplinarisch bestraft.

Keiner von den politisch bedeutenden, demokratiegefährdenden, maßgeblichen, prominenten Faschisten und Hitler-Freunden wurde in diesem Land als Landesverräter erschossen, und unter den siebzehn erschossenen Landesverrätern war keiner ein politisch bedeutender, maßgeblicher, prominenter Faschist und Hitler-Freund. Wollte man ihnen nichts nachweisen, oder konnte man ihnen nichts nachweisen? Es fehlte zwar damals, wie der Historiker Bonjour betont, nicht an entsprechenden Figuren: »Da hat es gewiß solche gegeben, die von den nationalsozialistischen Idealen ganz eingenommen waren und das Heil der Schweiz in einem direkten Anschluß an Deutschland sahen, ehrlicherweise. Dann gab es aber auch solche, die einfach an den deutschen Sieg glaubten und es gescheiter fanden, wenn man sich friedlich anschließe, als wenn man sich erobern lasse, wo vielleicht wertvolle Sachen zugrunde gehen werden. Und dann hat es auch ein paar Schläulinge gegeben, die einfach so eine politische Rückversicherung abschließen wollten.« (Erklärung von Edgar Bonjour im Film über Ernst S.) Wurde in punkto Landesverrat mit zweierlei Maß gemessen? »Dazu kann man nur sagen, das ist so wie immer, der Kleine hängt eher als der Große, was man ja auch im Zivilleben konstatiert«, meint Edgar Bonjour zu diesem Problem.

Konnte man vielleicht die Großen nicht bestrafen, weil sie nur »Gesinnungsdelikte« begingen, wie die rechtsbürgerliche Presse immer betont? Die Demarchen des Oberstkorpskommandanten Wille waren aber keineswegs auf den Bereich der »Gesinnung« beschränkt, sondern es sind konkrete politische Aktivitäten gewesen, welche dank dem gesellschaftlichen Einfluß dieses Offiziers unendlich schwerwiegendere Folgen für die Unabhängigkeit des Landes haben konnten: jedenfalls katastrophalere Folgen als die Taten des Ernst S. Auch das Hinterlegen einer Kaution für fünf prominente Landesverräter durch Herrn Mettler-Specker und seine finanzielle Unterstützung faschistischer Kreise, oder die Umtriebe des reichen Mario Karrer sind eine Sache, die sich nicht nur im Hirn und in der privaten Sphäre dieser Fabrikanten abspielte, das war schon deutliche Öffentlichkeitsarbeit. Aber es war die Arbeit der Gro-

ßen, und darum konnte sie auch offener betrieben werden als das mickrig-heimliche Spionieren des Ernst S., man kennt ja dort oben das Strafgesetzbuch besser als da unten in der Gesellschaft, und stiehlt also keine Granaten.
Nicht zufällig kamen vierzehn von den siebzehn erschossenen Landesverrätern aus sogenannten »sehr einfachen Verhältnissen« (Kleinbauernsöhne, Angestellte, Hilfsarbeiter, Mechaniker) und bekleideten niedere Dienstgrade (Fouriere, HD-Soldat, Trompeter, Fahrer, Mitrailleur, Gefreiter, Füsilier etc.). Auch unter den drei erschossenen Offizieren gab es keine Großbürger: Major P. war der Sohn eines Lehrers in Thun, Leutnant K. war als Adoptivkind bei Verwandten aufgewachsen, und nur Oberleutnant R. kam, immerhin ein Trost, aus dem mittleren Bürgertum, als Sohn eines Fabrikdirektors. [61]

*

Ernst S. sei kein Nazi gewesen, sagen übereinstimmend Dienstkameraden (Wörnhard, Scheu, Kahn) und seine Brüder, die politische Bildung habe ihm gänzlich gefehlt, man könne ihn nur als »lustigen Schnuderi« bezeichnen. Was er getan hat, geschah um Geldes willen. Er verdiente nie genug, die 110 Franken monatlich als Provisionsreisender bei der Firma Opitz reichten ihm nicht, und die Gesang- und Opernschule Baerlocher tat's auch nicht mehr, er wollte jetzt seine Singstimme sogar in Zürich ausbilden lassen. Die Firma H. A. Opitz, chem.-techn. Produkte, für die er mit Bodenwichse und Kölnisch Wasser hausierte (heute ein Frauenberuf), hat auch ein Urteil über S. abgegeben:
Unkundig im Fach schickten wir S. zum Kundenbesuch in der Stadt St. Gallen, bei welcher Gelegenheit derselbe ganz ordentlich verkaufte, so daß wir S. die rote Reisekarte samt dem Bahnabonnement St. Gallen – Muolen besorgten. – Nun stellte es sich aber bald heraus, daß es S. am nötigen Willen und Ausdauer fehlte zum Kundenbesuch, von Neu-

acquisitionen ganz zu schweigen. Paßte S. das Wetter einmal nicht, blieb er zu Hause, ging dann wieder einen halben oder auch einen ganzen Tag. Während der übrigen Zeit drückte er sich im unbekannten Dunkeln herum und lebte fortwährend von Vorschuß, welchen er allerdings auf Zureden hin immer erhielt von der Firma. [62]
Immer dieser mangelnde Wille. Dem Dr. Pfister ist es auch aufgefallen, und um die Abwesenheit desselben zu unterstreichen, und nicht, um auf die gesanglichen Fähigkeiten des S. zu verweisen, zitiert er ein »leider nicht datiertes Zeugnis« der Gesang- und Opernschule Baerlocher-Keller. »Ich führe es in diesem Zusammenhang nur an, weil auch daraus S.'s mangelnde Zielstrebigkeit und Ausdauer zwischen den Zeilen herausgelesen werden kann«:
Auf Ansuchen von Herrn Ernst S. . . . . bestätigt Unterzeichnete, daß er eine unzweifelhaft ausbildungswürdige Tenorstimme und genügend Musikalität besitzt um durch das Gesangstudium befriedigende Erfolge zu erzielen. – Herr S. hat den Unterricht bei mir ca. 1 Jahr mit großen Unterbrechungen genossen. Eine gesangliche Ausbildung hat aber nur einen Sinn, wenn er auch die notwendigen persönlichen Eigenschaften mitbringt, wie Fleiß, Ausdauer und charakterliche Zuverlässigkeit. Ohne hartnäckigen Fleiß von seiten des Schülers kann keine Prognose gestellt werden. [63]
Ob Bodenwichse, Singstimme, Appretur, Gärtnerei, Schneiderei, Färberei, Konservenfabrik, Bandweberei, Landwirtschaft: *ohne* Willen war alles für die Katz, und *mit* Willen war auch nicht viel zu machen, wenn man aus dem Sittertobel kam, das hatte er bei seinen Geschwistern beobachtet, die recht viel Willen hatten und doch alle arm geblieben sind. Auch Vater und Mutter hatten Willen gehabt, guten Willen, besten Willen. Was hätte er wollen sollen?
In der Bandweberei Ganzoni, wo auch die Frau seines Bruders Karl 1940 schaffte, hatte er wieder kein Sitzleder.

Frau S. erinnert sich, daß die Frauenlöhne damals zwischen 15 und 20 Rappen in der Stunde schwankten. Im Vertreterzimmer von Ganzoni hängt eine Urkunde, welche die Beteiligung dieser Firma an der Landesausstellung, der sogenannten ›Landi‹ von 1939, bezeugt:

... *bestätigen wir, daß die Firma Ganzoni in der Abteilung: Vorbeugen und Heilen, als Aussteller an der nationalen Schau zugelassen wurde und diese durch ihre Leistung bereichert hat ... ist die Landesausstellung zu einem erhebenden Werk vaterländischen Geistes und schweizerischen Schaffens geworden. Sie hat im ganzen Volk das Gefühl der Zusammengehörigkeit, die Liebe zur Heimat und das nationale Selbstvertrauen geweckt und gefestigt.*

Damals war der Hauptsitz der Firma noch in Winterthur. Die Produktion wurde aber zunehmend nach St. Gallen verlagert, Ganzoni konnte dort mit bedeutend niedrigeren Löhnen produzieren. In Winterthur mußte Ganzoni sich den Löhnen der Maschinenindustrie anpassen, in St. Gallen den Stickereilöhnen, die bis zur Hälfte niedriger lagen. Die Lebenskosten der Arbeiter waren in St. Gallen aber kaum niedriger als in Winterthur ... Damals wurde bei Ganzoni gewoben, geflochten, gestrickt und konfektioniert. Die Weber waren Männer, für die einfacheren Arbeiten hatte man Frauen. Diese waren in der Mehrzahl. Es wurden Korsette, Hosenträger (Marke »Samson«), Sockenhalter, Strumpfhalter, Leibbinden, Gummilitzen, Skigamaschen hergestellt – eine versunkene Welt – zum Teil auch in Heimarbeit. Die Firma ist gänzlich im Familienbesitz, Ganzoni & Cie AG, die Bilanzen werden nicht veröffentlicht. Dank der Erfindung des medizinischen Kompressionsstrumpfes »Sigvaris«, welcher sehr rentiert, konnte die Firma ab 1963 die verzettelte Produktion der andern Artikel einstellen. Wenn man die Außenstellen dazurechnet, produzieren heute Fremdarbeiter aus zwölf Nationen für die Familie Ganzoni den medizinischen Kompressionsstrumpf »Sigvaris«, will heißen, für die leidende Menschheit, die schlecht auf den Beinen ist, Leute, die von Berufs wegen immer stehen müssen, brauchen »Sigvaris«-Strümpfe, also z. B. Färber, Weber, Trämler, kinderreiche Mütter. Heute tut man alles, um Arbeiterinnen zu bekommen, sagt Werner Ganzoni junior, der die Firma leitet, wir haben einen Kindergarten, eine Kantine und anständige Löhne. Die Frauen in der Stickerei verdienen etwa 1400 Franken im Monat, ein Stricker mit Nachtschicht 1900. Der Stundenlohn wurde 1972 abgeschafft, aber seit der Monatslohn eingeführt ist, gibt es Arbeiterinnen, die das ausnützen, Frauen mit Periode bleiben dann länger weg, weil es nicht mehr auf eine Stunde mehr oder weniger ankommt. Der Absentismus nimmt zu. Junge Schweizerinnen gibt es nicht mehr in der Fabrik, nur solche mittleren Alters. Werner Ganzoni, der damals noch nicht in der Firma war, weiß trotzdem genau, was 1939–40 *produziert* wurde. Die *Löhne* von damals hat er aber nicht im Kopf. [64] Auch in der Firmengeschichte, welche in der Zeitschrift »Uesers Dorf Bruggen« zum hundertjährigen Bestehen 1964 erschienen ist, liest man nichts von Löhnen. Hingegen »sahen wir uns an der Jahreswende 1937/38 zu dem schweren Entschluß genötigt, die beiden Betriebe weitgehend oder gänzlich in der sankt-gallischen Fabrik konzentrieren und die Fabrikation in Winterthur aufgeben zu müssen«. Die Firma besaß in den dreißiger Jahren auch ein Zweigwerk in St. Louis, Frankreich. In der Broschüre *Hundert Jahre Ganzoni-Elastic* wird dazu vermerkt:

1937/38, St. Louis. In diesen beiden Jahren übersteigen Produktion und Verkauf nochmals das zuvor erreichte Niveau. Aber es geschieht unter hektischen Bedingungen, weil der französische Staat Ferien, Arbeitszeit, Löhne und Preise vorschreibt. – Das Ministerpräsidium Blum wird im Juni 1937 von Chautemps, dieses wieder von Blum, letzteres im April 1938 zum zweiten Mal abgelöst von Daladier, dessen Regierung sich hält und beruhigend wirkt. Die außenpolitische Gefahr hält die Linksextremisten insofern in Schach, als ein auf den 30. November 1938 von ihnen angesagter Generalstreik nicht zustande kommt.

In St. Gallen herrschte damals nicht die Volksfront, eine Blum-ähnliche Figur gab es nicht, man konnte unter wenig hektischen Bedingungen produzieren. Löhne, Preise, Ferien und Arbeitszeit waren nicht vorgeschrieben. Aber die außenpolitische Gefahr hielt auch hier die »Linksextremisten« in Schach, die Arbeiterschaft wurde mit dem Hinweis auf das gleiche Boot, in dem alle sitzen, diszipliniert. Dabei konnte man zugleich die schönsten Geschäfte mit Deutschland tätigen. Es herrschte der allertiefste Arbeitsfriede. (Herrschte? Herrscht.) Und zugleich konnte man, wie Johann Arnold Mettler, der phantasiereiche Textilbaron mit dem Spitznamen »Hitler-Specker«, ungestraft für das Dritte Reich schwärmen. Hitler war wirklich praktisch. Er jagte den Arbeitern Angst ein, begeisterte sie für die Landesverteidigung, im Militärdienst konnte man Leute endgültig korsettieren, die in der Fabrik noch zu wenig Disziplin gelernt hatten. Die kamen dann in den militärischen Kompressionsstrumpf. Zugleich wußten die Arbeiter, daß die Unternehmer im Zweifelsfall immer Hitler dem Sozialismus vorziehen würden, weil er das Privateigentum an Produktionsmitteln garantierte. Dadurch wurden die Arbeiter gedrückt.

Es ist nicht bekannt, ob S., nachdem er »Samson«-Hosenträger gebastelt hatte, ein Gefühl der Zusammengehörigkeit mit Ganzoni entwickelte. Wenig ist auch bekannt über die Liebe zur Heimat, die er in der Färberei Sitterthal, und den vaterländischen Geist, den er bei den »St. Galler Konserven« spürte, einmal abgesehen vom nationalen Selbstvertrauen, das ihm die Hausiererei für H. A. Opitz einflößte. Auch über die Entwicklung seines Naturgefühls während der Tätigkeit in der Stadtgärtnerei St. Gallen fließen die Quellen nur spärlich. Herr Obertüfer, der seit 1939 dort schafft und den man im Botanischen Garten antreffen mag, sagt: Hecken schneiden bis zum Gübsensee, Alleebäume stutzen, Park und Pärkli pflegen, Anlagen hegen, all das sei »kein Schleck«, vielmehr »ein Chrampf«, auch wenn die Bürger sich es idyllisch ausmalen. Es sei körperlich strenger als in der Fabrik, wenn auch abwechslungsreicher. Strenge Aufsicht. Wenn einer geschafft hat, hatte er es rächt. Der Chef wollte eine Leistung sehen. Zuerst war man Saisonarbeiter, auf fünf bis sechs Monate angestellt, es gab damals keine Sicherheit, auf die Olma [65] hin wurde man gewöhnlich entlassen. Darauf ging man stempeln. Wenn dann

»*der Winter St. Gallen zur weißen Stadt machte und sie sich unter dickverschneiten Dächern in ihrem kalten Nebeltal zusammenkuschelte oder aber – immer wieder ein Wunder! – die Sonne das Grau durchstoßend sie zum glitzernden Wintermärchen machte*« [66],

verdingten sich die auf die Straße gestellten Gärtner zum Schneeschaufeln. Drunten an der Schochengasse seien im November und Dezember jeweils Hunderte von Schneeschaufler-Anwärtern Schlange gestanden. Zuerst seien die mit großen Familien angeheuert worden, man habe ausgerufen: acht Kinder, sechs Kinder, vier Kinder, damit waren die achtkindrigen Familienväter gemeint. Die Ledigen haben oft das Nachsehen gehabt. Man schaufelte zehn Stunden pro Tag und mehr, hatte 90 Rappen bis 1 Franken 20 in der Stunde. Es seien Leute jeder Art gekommen, stellenlose Schreiner, Bäcker, Wagner, Metzger oder solche, die falliert hatten. Es sei »verrückt streng« gewesen. Das bestätigt auch Otto S., der vom Sitterthal herauf mit mangelhaftem Schuhwerk bis nach St. Georgen wanderte, um Schnee zu schaufeln. Eventuell habe der Ernst S., obwohl der Friedhof der Polizeiverwaltung und nicht der Stadtgärtnerei unterstand, in jener Zeit auch Gräber ausheben müssen auf dem Friedhof Kesselhalde.

*

Emil S., der pensionierte Koch, seinerzeit Mitglied der Kommunistischen Partei der Schweiz, heute Pensionär im Café Boy (Zürich), von seinem Bruder Jakob in die Arbeiterbewegung eingeführt, hat den jüngsten Bruder erst kennengelernt, als er aus Mexiko zurückkehrte. Ernst sei politisch immer ein Stubenhocker gewesen, habe keinen Kontakt zu Arbeitern gehabt, die sich für ihren Lohn wehrten, auch sei Sankt Gallen schon immer eine rückständige Stadt gewesen in Sachen Arbeiterbewegung. (Viel Frauenarbeit, Heimarbeit, hemmender Einfluß der Religion auf die Arbeitskämpfe, christlich-brave Gewerkschaften.) Ernst als Einzelgänger und relativ verwöhntes Nesthäkchen habe keinen Anschluß gefunden an seine kämpferischen Brüder, sei zu sehr sich selbst überlassen gewesen, habe nie politisch zu denken begonnen und sei dann, leider Gottes, aus mangelndem Klassenbewußtsein in diese Geschichte hineingerutscht, die er dann mit dem Leben bezahlen mußte, der arme Teufel. Natürlich war er ein leichtsinniger Geselle, aber daß er gerade den Tod verdient hat ... Emil sagt: Es war einfach so, daß sie ein paar Exempel statuieren mußten. Das war ein Druck vom Volk, das gegen den Nazismus war im Prinzip, und damit sie dem Volk zeigen können, daß sie etwas machen gegen die Nazis, mußten sie ein paar erschießen.
Für den Kommunisten Emil S. war das eine Sache, von der er sagen mußte: Das hemmt mich in meiner ganzen Tätigkeit, wenn da ein Bruder für »die andern« gearbeitet hat, auch heute ist das für ihn noch ein Hemmnis. Auf alle Fälle ist es ihm »schauderhaft, daß der da hineingerutscht ist«. Auch heute plagt ihn »das verdammte Zeug« immer noch. Da will er mit jemandem reden über die politische Situation und weiß nicht, ob dem andern bekannt ist, daß sein

Bruder Dummheiten gemacht hat. Emil fühlt sich nicht mehr frei, fühlt sich in seiner Tätigkeit beschränkt.

*

> *Gehe nicht so schnell vorüber*
> *Halte ein, betrachte mich*
> *Sieh, wie wund sind meine Glieder*
> *Wie blutet auch mein Herz für Dich.*

(Inschrift, auf einem Wegkreuz bei Notkersegg-St. Gallen zu lesen)

Zum Tod durch Erschießen, wobei die Glieder des Ernst S. mannigfaltig durchbohrt worden sind, kam es durch folgende Umstände: Gestützt auf die Aussagen von Theodor Löpfe, Zimmernachbar des Ernst S., wurde dieser am 2. und 3. Januar 1942 auf dem Polizeiinspektorat St. Gallen wegen Spionagetätigkeit angezeigt. »Es erscheint nach Angaben des Exploranden als wahrscheinlich, daß diese Verzeignung als Racheakt des von S. abgewiesenen homosexuellen Löpfe aufzufassen ist.« Bei seiner Verhaftung am 5. Januar 1942 gestand S. gegenüber der Spionageabwehr seine Delikte. In der Einvernahme durch den Untersuchungsrichter am 20. Januar 1942 widerrief der Explorand jedoch dieses erste Geständnis (...). [67]

Der Darstellung des Untersuchungsrichters entnimmt Dr. Pfister, »daß S. im Frühjahr 1941 auf dem deutschen Konsulat in Beziehung getreten ist zum Mitbeklagten Schmid. Zum Teil aus eigener Initiative, zum Teil auf Veranlassung des Schmid sei Expl. bereit gewesen, Angaben über alles militärisch Wissenswerte zu verschaffen. Er erhielt dafür bis Ende 1941 in wiederholten Zahlungen ungefähr Fr. 500.– Um seine Bereitwilligkeit zu bezeugen, gab er einige selbstgemachte und ungenaue Skizzen von Artilleriestellungen, Depots, Bunkerstellungen und Drahthindernissen« [68].

Das Deutsche Konsulat in St. Gallen befand sich damals in

einer prunkvollen Villa am Höhenweg, gleich hinter dem Kinderfestplatz, zu dem die St. Galler Kinder am Tag des Kinderfests hinaufpilgern, wobei die Mädchen etwelche Kreationen der Stickereiindustrie zur Schau tragen. Ganz oben auf dem Rosenberg, wo die Reichen wohnen. Die Villa hatte seinerzeit einen beträchtlichen Umschwung. Unten wohnte anschließend der Textil-Mettler in der Villa »Freya«, hatte dort seine Reitpferde stehen. Die Villa war um 1910 für einen Textilboß gebaut worden, der gewaltige Reichtümer angehäuft hatte. Sie soll mehr gekostet haben, als die St. Galler Tonhalle und hieß damals »Haus Wahnfried«, und genauso wagnerisch mutet sie auch an. Der erste Besitzer soll in der Stickereikrise, als der große Kladderadatsch die Euphorie der Gründungszeit unterbrach und der Stickereiexport von 415 Millionen (1920) auf 13 Millionen (1932) zurückging [69], Hand an sich gelegt haben, nachdem er ins Irrenhaus gekommen war. Deshalb nannten die St. Galler das Haus fortan »Villa Wahnsinn«. Die Villa liegt sehr gut, das Deutsche Konsulat mietete sich ein und errichtete eine Funk- und Spionagezentrale für die Ostschweiz. Das Gebäude repräsentiert auf eine bombastische, dem Faschismus gemäße Art, wie viele Villen am Rosenberg. Innen die große Freitreppe und die hohe Balustrade, die teuren Materialien in der Halle, die aufwendige Verarbeitung. Man hat später, nach 1945, leere Mikrophongehäuse in den Wänden gefunden. Wenn S. hier verkehrte, muß er beeindruckt gewesen sein, verglichen mit dem »Kasten« bei Frau Lüthy war hier alles schön groß, und die Leute vom Konsulat auch sehr zuvorkommend, nicht wie die Vormünder. Er konnte nicht wissen, daß dieser Schmid nur gepreßt für das Konsulat arbeitete. Schmid war im Restaurant »Schaugenbädli« aufgewachsen, an der Straße gegen Rehetobel, hatte einen deutschen Paß, war jedoch wie seine ganze Familie in St. Gallen assimiliert. Das Deutsche Konsulat scheint ihn vor die Alternative gestellt zu haben, entweder in den Hitlerkrieg zu gehen oder schweizerische Spione für Deutschland anzuwerben. (Ob Herr Möbius oder Herr Heilig vom Konsulat ihn anstifteten, bleibt dahingestellt.) Jedenfalls hat S. hier zum ersten Mal in einer Umgebung verkehrt, welche Reichtum und für sein Auge wohl auch Schönheit ausstrahlte. Kam man vom Lande, von kleinen Hütten . . .

Der Schneider A., der damals bei der Central-Garage in der Pension »Negerheiland« [70] oft mit S. am gleichen Tisch aß, sagt, S. habe dem Schmid bewußt einen »Seich« aufgeschrieben und immer Angaben gemacht, die der Landesverteidigung nicht schaden konnten. Er war auf die paar Fränkli angewiesen und habe sich nichts gedacht dabei. Der Schneider A. wurde vom Polizei-Fahnder Graf angestiftet, seinen Freund zu überwachen und auszuspionieren, hat das jedoch abgelehnt. Das ist ihm nicht gut bekommen, sein Name muß irgendwo in den Akten im Zusammenhang mit S. figuriert haben, und deshalb wurde er kurz nach der Verhaftung des S. auch eingesteckt, blieb sechs Monate in Untersuchungshaft, obwohl ihm nicht das geringste nachzuweisen war, wurde dann freigesprochen und ohne Haftentschädigung entlassen. So streng waren damals die Bräuche. Der Schneider A. schneidert heute Mäntel für das Militär.

A. hat S. etwa ein Jahr lang frequentiert. Als er einst mit ihm in der »Harfe« saß, habe der sorglose S. ein paar Banknoten auf's Mal hervorgenestelt, die Serviertochter sei aufmerksam geworden, und im Januar hätten sie den Ernst dann geschnappt. Er habe ihm stets geraten, nach Zürich abzuhauen, solange es noch Zeit sei, und dort seine Singstimme ausbilden zu lassen. Wenn sie ihn doch wegen der Unzucht eingelocht hätten, dann wäre er durch das Gefängnis vor dem Erschießen bewahrt worden, seufzt der Schneider A. Bei der ersten Gerichtsverhandlung im Juli, wo sie ihrer sechs aufgetreten seien, und A. dann freige-

sprochen wurde, habe S. noch einen frechen Latz gehabt, das sei auch nicht günstig gewesen für den S. Ein Bauer sei als Zeuge dagewesen, der S. beobachtet habe beim Granatendiebstahl im Glarnerland. Er sei gleich zusammen mit seiner Frau gekommen, weil ihm vom Militär die Reise vergütet worden sei. Wenigstens seien der Bauer und seine Frau so noch zu einer Reise gekommen.
Auch ein anderer Kumpan von anno dazumal, Sepp Keller (heute Blindenheim St. Gallen), bestätigt die trottelhafte Sorglosigkeit des Delinquenten. Ernst habe diese Sache so leicht genommen wie ein Straßenverkäufer, der seine Ware anbietet: Du, komm doch auch spionieren, da kannst du doch schwer Geld verdienen, schau mal da die Banknoten, die ich wieder bekommen habe vom Schmid! Er natürlich, Sepp Keller, mit seiner Intelligenz, sei auf diese Sache absolut nicht eingestiegen. Später kam dann die Aufforderung vom Divisionsgericht, der Großrichter Lenzlinger oder wie er hieß habe ihn mit kurzen militärischen Fragen über den Ernst S. ausgefragt, dann konnte er wieder gehen und hat noch sein Zeugengeld eingesackt. Nach der Erschießung hätten dann die einen gesagt: Ganz recht, der Ernst ist ein Landesverräter, der hat's verdient, so einer gehört an die Wand, während die andern wieder meinten: So, das ist komisch, den Ernst stellt man an die Wand, währenddem der feine Herr Waffenfabrikant Bührle, der ja sowieso ein eingekaufter Deutscher ist und trotz seinem neuen Schweizer Paß noch sehr nazifreundlich war, nachts ganze Züge von Munition nach Deutschland lieferte.
Mit dem Granatendiebstahl verhielt es sich so:
Während des Ablösungsdienstes vom 6. Mai bis 6. Juni 1941 kam er mit Schmid überein, und zwar nach Angaben Schmids aus eigenem Antrieb, nach Angaben des Expl. jedoch auf Veranlassung von Schmid, Artilleriemunition zu beschaffen. Schmid besuchte S. im Felde, besprach mit ihm die Einzelheiten des Granatendiebstahls und stellte ihm

zum Transport einen Handkoffer zur Verfügung. Ungefähr am 20. Mai 1941 drang S. nächtlicherweise durch ein Fenster in das Munitionsdepot seiner Einheit ein, nahm aus einem Munitionskorb vier Granaten, entfernte, um die Last zu erleichtern, von zwei Geschossen die Granaten, warf sie in einen Bach, versorgte die zwei leeren Hülsen und die zwei intakten Geschosse im mitgebrachten Koffer, gab diesen als Passagiergut auf der Bahn nach Herisau auf und sandte den Empfangsschein sofort per Zivilpost an die Privatadresse des Schmid. Kurz darauf ist S. auf Verlangen des Schmid neuerdings ins Munitionsdepot gestiegen, hat dort eine Panzergranate entwendet, sie im wieder zur Verfügung gestellten gleichen Koffer versorgt und ist damit am folgenden Tag nach vorheriger telefonischer Benachrichtigung des Schmid per Bahn nach St. Gallen gefahren, um Koffer samt Inhalt zu übergeben. Auch nach dem Ablösungsdienst vom Mai 1941 blieb Expl. mit Schmid in Verbindung. Er offerierte den Yaleschlüssel eines militärischen Depots während dieser Zeit. Im Dienst vom 11. August bis 5. September 1941 stellte er dem Schmid eine Karte mit Bleistifteintragungen zu. Ferner übermittelte er zwei Filme mit Aufnahmen des Mitbeklagten Hofmänner, für welche er ungefähr Fr. 100.– erhielt zum Ankauf eines Photoapparates. Es bestand der Plan, in Oerlikon oder in der Festung Sargans Arbeit zu übernehmen, um auf diese Weise militärisch Wissenswertes zu erfahren und eine Tankbüchse verschaffen zu können. Explorand trat auch mit dem deutschen Konsulatsangestellten Heilig in Verbindung zur Beschaffung militärischer Nachrichten. Er hat für offenbar nicht sehr wertvolle schriftliche Nachrichten und Skizzen vom 19. Dezember 1941 bis 5. Januar 1942 total Fr. 400.– erhalten. Expl. hat im Sommer 1941 den Mitbeklagten Hofmänner angestiftet, photographische Aufnahmen von militärischen Objekten zu machen und ihm zur Weiterleitung abzugeben. Im Herbst 1941 brachte Expl.

den Mitangeklagten dazu, sich ebenfalls dem deutschen Nachrichtendienst zur Verfügung zu stellen, übermittelte ihm einen Auftrag des Heilig, half ihm bei der Anfertigung einer Skizze und überbrachte diese dem Heilig. [71]
Während S. in aller Heimlichkeit das Deutsche Konsulat auf eine handwerkliche Art mit insgesamt fünf Granaten belieferte, begann die Waffenfabrik in Oerlikon bei Zürich, die deutsche Armee offiziell im industriellen Ausmaße mit Granaten zu versorgen. Diese Granaten wären im Kriegsfalle auf die schweizerischen Soldaten zurückgefallen. Weil der Krieg gegen die Schweiz dann nicht ausbrach, fielen die Oerlikoner Granaten nur in Ungarn auf die Rote Armee und behinderten ihren Vormarsch, wie der unverdächtige, bürgerliche Historiker Edgar Bonjour in der bürgerlichen *Neuen Zürcher Zeitung* bezeugt [72]. Was mit den Granaten des S. genau passierte, wie groß ihr waffentechnischer Stellenwert war, ist schwer festzustellen. Es handelte sich um vier Stahlgranaten Momentanzünder für Feldkanonen und um eine Panzergranate Bodenzünder für Feldkanone 7,5 cm.
Nach der Erschießung des Ernst S. kam unter Soldaten das Gerücht auf, welches sich bis heute hält, daß diese Granaten eine überdurchschnittliche Durchschlagskraft gehabt hätten und die deutsche Rüstungsindustrie nichts Vergleichbares produziert habe. »Wenn einer erschossen wird, muß er etwas ungeheuer Wichtiges verraten haben« – in diesem Gedankenschema scheint das Gerücht zu wurzeln. Das Eidgenössische Militärdepartement konnte jedoch nicht bestätigen, daß die bewußten Granaten einzigartig und von überdurchschnittlicher Durchschlagskraft waren: »Was den militärischen Wert der von S. den Deutschen zugespielten drei Artillerie-Granaten betrifft, mußten sowohl die Stahlgranaten als auch die Panzergranate als militärisches Geheimnis gelten – gleichgültig ob dem Ausland ihre Konstruktion und Wirkung ganz oder teilweise

bekannt waren oder nicht.« Lediglich war es »für den deutschen Nachrichtendienst von erheblichem militärischen Interesse, insbesondere eine der damals noch relativ neuen Panzergranaten in die Hand zu bekommen, um aus ihrem Gewicht, ihrer Sprengladung, dem Geschoßkörper usw. auf die Leistungen, insb. die Durchschlagskraft des Geschosses schließen zu können« [73].

※

S. war bei der Artillerie eingeteilt, als Fahrer war er für zwei Pferde verantwortlich. Es gab nicht viel zu tun. Ein Gewehr soll er nicht gehabt haben, als Fahrer beschäftigte er sich vornehmlich mit Pferdepflege. Seine Dienstkameraden Wörnhard, Kahn und Scheu sagen: die von S. gestohlenen Granaten paßten auf Feldgeschütze des Baujahres 1902. Für diese Granaten bestand keine besondere Geheimhaltung. Scheu sagt zudem, diese Granate sei damals neu für die Schweiz gewesen, aber kaum für die Deutschen (die schon drei Jahre Kriegserfahrung mit Panzergranaten hatten). Im Dienst habe man sich gelangweilt, wußte nicht, was tun, hatte die Nase voll. Wörnhard sagt: Die Zeiten waren schlecht, und im Militär wurden wir nicht viel gescheiter. Er kam erst 1940 in die Batterie, da war ein Geist, wenn er zurückdenkt, abscheulich. Ein Drill und ein Getue und ein Gezacke, man hätte meinen können: eine preußische Batterie. Die Leute waren unzufrieden, sie mußten den Druck erdulden. Von Landesverteidigung, von einer geistigen Konzeption war doch überhaupt nicht die Rede. Es hat einfach geheißen: den Mund halten und parieren. Der Sold betrug 2 Franken pro Tag. S. bewegte die Rosse, putzte das Pferdegeschirr. Manchmal kam ein Feldprediger und hielt einen Vortrag über Vaterlandsliebe. Als es mit S. zu Ende ging, weigerten sich die Telefonsoldaten der Batterie, die als einzige mit einem Gewehr bewaffnet waren, ihn zu erschießen. Sie sagten: Wir haben mit ihm die Pferde geputzt, miteinander im Stroh gelegen, den erschießen wir nicht. Deshalb mußten die Telefonsoldaten des Regimentsstabes abkommandiert werden, welche S. nicht kannten. Das sei nicht direkt eine Meuterei gewesen, aber doch eine Weigerung. Es sei ihm zu Ohren gekommen, S. habe den Feldprediger Geiger spöttisch angelächelt, als er, schon angebunden am Exekutionspfahl, von diesem gefragt wurde, ob er noch einen letzten Wunsch habe. Alfred Kahn, der Batteriepöstler, sagt, im Mai 1940, als man den Einmarsch der Deutschen erwartete, seien verschiedene Offiziere der Batterie, welche allgemein verhaßt waren, plötzlich nirgends mehr sichtbar gewesen. Kahn erklärt das mit einer deutlichen Angst dieser Offiziere, bei Ausbruch der Feindseligkeiten nicht von den Deutschen, sondern von den eigenen Soldaten gekillt zu werden. Diese Angst habe durchaus zu Recht bestanden, bei der Arroganz mancher Herren. Man hätte allerdings vorgehabt, diese umzulegen, bevor noch ein Schuß auf den äußeren Feind abgefeuert würde. Am Morgen nach der Exekution des S. habe die Batterie in Balterswil bei Bichelsee gelegen. In der Frühe sei Oberst Birenstihl mit Major Dreiss eingefahren. Dreiss, auf einer Lafette stehend, brüllte: »Feldbatterie achtundvierzig, Achtung steht. Fahrer S. wurde gestern nacht erschossen, starb als tapferer Soldat, sehe soeben, Geschütze sind nicht geputzt. Schweinebande, Saubande, habe die Mittel, euch zu zwingen.« Darauf habe Kahns Nachbar ihm ins Ohr gesagt: »Schlag dem Siech den Kolben über den Grind, daß sein Hirn zu den Ohren herausspritzt.« Das hätten sie jedoch bleiben lassen.

*

In einem Rechtsstaat wird man nicht einfach so erschossen. Es muß alles seine Ordnung haben. S. saß sieben Monate in Untersuchungshaft, kam am 14. Juli 1942 erstmals mit andern Angeklagten vors Divisionsgericht, wurde auf

Ersuchen des Gerichts psychiatrisch untersucht, kam am 9. Oktober das zweite Mal vor Gericht, wurde zum Tode verurteilt, konnte, nachdem keine Kassationsbeschwerde eingereicht wurde, immerhin noch ein Gnadengesuch an die Vereinigte Bundesversammlung einreichen, deren Begnadigungskommission das Gesuch behandelte, und wurde erst nach Ablehnung des Gnadengesuchs durch die eigens zusammengetretene Vereinigte Bundesversammlung erschossen. Es ging mit rechten Dingen zu, er wurde von einer Instanz zur andern gereicht. Vor allem der Psychiater hat seine Arbeit gründlich gemacht. S. hat sich über die psychiatrische Expertise in einem Brief an Polizeiwachtmeister Graf so geäußert:

Es besteht vielleicht auch die Meinung, daß ich aus Todesangst u. Feigheit ein Geständnis abgelegt habe. Das ist aber nicht so. Ich wußte schon in der ersten Viertelstunde, daß man mir an Hand dieses psychiatrischen Gutachtens ein Geständnis abdrücken wollte, darum habe ich von der ersten Minute der Gerichtsverhandlung jegliches Gutachten samt meinem Verteidiger als unerwünscht abweisen wollen. [74]

S. wußte die Wissenschaftlichkeit, mit der er im Gefängnis behandelt wurde, nicht genügend zu schätzen. Als Beweis dafür kann seine von Dr. Pfister sogenannte Affektlabilität gelten, die sich dahingehend äußerte, daß er »nicht davor zurückschreckte, mir verschiedene Male, wenn Konflikte und Spannungen zur Sprache kamen, in rüpelhafter Reizbarkeit alle möglichen Frechheiten an den Kopf zu werfen. Die Aufforderung, mich von dannen zu machen, mußte ich einige Male hören, man könne jetzt mit meinem Verhör aufstecken, er sei nicht verrückt und könne sich auch nicht verrückt stellen, er lasse sich nicht für verrückt anschauen. Sein Leben sei ohnehin verwirkt, er habe sich mit dem bevorstehenden Tode abgefunden, man solle ihn erschießen, ohne daß er sich vorher noch einmal blamieren müsse.

Kurz nach solchen Wutausbrüchen konnte er sich wieder vollständig beruhigen. Es gelang sogar nicht selten, diese emotionelle Inkontinenz im Sinne gehobener Stimmung darzustellen«, schreibt Dr. Pfister. Reizbarkeit und Affektlabilität trieben S. sogar zu Tätlichkeiten, nicht gegen Personen, sondern gegen das Gefängnismobiliar: »In diesem Zusammenhang sei auch eine Art Zuchthausknall erwähnt, den S. wohl ebenfalls aus seiner Affektgespanntheit heraus am 23. Juni 1942 durchmachte. Er verweigerte ein- bis zweimal die Nahrungsaufnahme, riß ein Eternitbrett hinunter, warf in seiner Zelle alles, was nicht festgemacht war, auf den Boden, lag beim Erscheinen des Gefangenenwartes mit Gesicht nach unten auf dem Boden, den Kopf gegen einen Winkel der Zelle gerichtet [75].« Diese Zerstörungswut war folgerichtig, hat doch bereits die Amtliche Jugendschutz-Kommission St. Gallen West anno 1935 festgestellt, daß S. auch »zu Sachen kein andauernd treues Verhältnis mehr findet«. Dabei war die »Intelligenz des Expl. in Anbetracht seiner dürftigen Schulfortschritte recht gut«, obwohl das »Erinnerungsvermögen für Daten allerdings recht ungenau war, was aber nicht auf organische Gedächtnisschwäche zurückgeführt werden darf, sondern bei der Mannigfaltigkeit seines Vagantenlebens einigermaßen begreiflich ist und zudem zusammenhängt mit der krankhaften Eigenart des Expl., alles Unangenehme zu vergessen, bzw. ins Unbewußte zu verdrängen«. Dr. Hans-Oscar Pfister, der vielleicht die eigenen Unannehmlichkeiten ins Über-Ich zu verdrängen pflegte, beschreibt sodann die »infantil-feminine Konstitution [des S.], seinen hysteriform haftenden Blick, seinen im Grunde weiblich-schmiegsamen, völlig unselbständigen Charakter« [76]. Da war es nicht zu vermeiden, daß S. auch »unselbständig den Verlockungen der Außenwelt gegenüber« sich zeigte. »Sexuellen Verführungen ist er schon seit frühester Jugend widerstandslos erlegen. Auch in den Erziehungsanstalten und im Militärdienst hatte er stets schon in den ersten Tagen intime Verhältnisse. Er rühmt sich geradezu seiner sexuellen Ausschweifungen.« Aufschneiden, das wäre noch erträglich, jedoch: »zahlreiche, diesbezügliche Briefe in den Akten bezeugen, daß es sich dabei nicht bloß um Prahlereien handelt« [77].

Kaputte Innenwelt, verlockende Außenwelt. Und die Moral im allgemeinen? »Schwer feststellbar ist seine Fähigkeit moralisch zu werten. Beispielsweise ist es ein leichtes, in seinen zahlreichen und weitschweifigen schriftlichen Äußerungen Stellen zu finden, in denen er über das Vaterland lästerlich schimpft und andere, in denen er seinen Landesverrat als schwerste Gemeinheit verdammt. Dies ist zweifellos bedingt durch eine gewisse psychopathische moralische Minderwertigkeit, moralischen Schwachsinn leichteren Grades, hängt bestimmt aber auch zusammen mit der Flüchtigkeit und Oberflächlichkeit seiner Gefühle, die bewirken, daß er zu nichts eine tiefere innere Bindung erlangt [78].«

Nachdem S. sich in mehreren Sitzungen hatte ausquetschen lassen, überkamen ihn, wie bereits in seinem früheren Leben, Reueschübe. Er hatte den Granatendiebstahl zuerst abgestritten, schrieb dann jedoch an den Fahnder Graf: »Ich log auch darum, weil ich es nicht vor den Richtern übers Herz gebracht hätte, es zuzugeben; weil ich mich ganz einfach unsterblich blamiert hätte. Ich darf nun mit gutem und frohem Gewissen erklären, daß ich nun nichts mehr auf dem Gewissen habe«. Kurz nach diesem »beinahe kriecherischen Reuebekenntnis«, wie Dr. Pfister es nennt (wer hatte S. kriechen lassen?), folgt eine andere Feststellung, die Dr. Pfister eine »sehr selbstzufriedene« nennt. Ernst schrieb: »Ich habe nämlich begonnen, anderes zu denken, u. fühle mich zufrieden und froh, denn es mußte alles so kommen, sonst hätte ich nie eingesehen, auf welchen Pfaden ich wandle. Ich versuchte aber doch immer wieder, zu arbeiten; der Hauptfehler war, daß ich mit den Weibern zuviel fuhrwerkte, das hat mir viel gute Kraft genommen, u. der Mangel an solchen ließ mir auch nichts gelingen. Ich bin der Ansicht, daß das Zuchthaus der geeignetste Ort ist, mich der Weiber zu entwöhnen, es ist jetzt schon viel besser mit mir ... Ich habe das Gefühl, daß für mich bessere Zeiten beginnen, ein neuer Abschnitt in meinem Leben« [79]. Man hatte S. zerknirscht. Als die Zerknirschung perfekt war, bezeichnete Dr. Pfister sie als »sehr selbstzufrieden«. Der Psychiater kommentiert: »In diesen Zeilen lassen sich gleich nebeneinander seine uneinsichtige Selbstüberschätzung, seine Tendenz, häufig die Schuld anderen in die Schuhe zu schieben, um sich damit reinzuwaschen, und seine Fähigkeit, Unangenehmes neurotisch zu verdrängen (in diesem Fall die drohende Todesstrafe) erkennen ... Moralische Minderwertigkeit kombiniert mit dem Wunsche, sich dadurch in besserem Lichte erscheinen zu lassen, sind wohl die Ursache davon.« S. mit seiner schmiegsam-weiblichen, infantil-femininen Natur hat völlig unbeherrscht die drohende Todesstrafe verdrängt. Vielleicht hätte ihm der Psychiater erklären können, wie man so etwas sublimiert?

Die Familie, aus der ein solch moralisch minderwertiges Subjekt stammt, mußte auch entsprechend sein. Der Psychiater schildert sie, ohne Geschwister und Eltern je gesehen oder gesprochen zu haben [80]:

Von den fünf Brüdern war einer auf einer Farm in Mexiko tätig, hat keinen eigentlichen Beruf erlernt und arbeitet jetzt offenbar als Hausbursche. Ein zweiter, jetzt angeblich Grenzwächter, sei früher ebenfalls ein Strick gewesen, kam in der ganzen Welt herum und wechselte damals beständig die Stellen. Ein dritter habe ebenfalls den für die Geschwister charakteristischen Wandertrieb gezeigt, war in Kairo und Frankreich tätig, jetzt als Hilfsarbeiter in der Schweiz. Ein vierter trieb in Italien herum, betätigt sich jetzt in der

Schweiz als Bauarbeiter. Nur der fünfte, landwirtschaftlich ausgebildet, scheint etwas seßhafter und in der Lebenshaltung solid zu sein. Keiner der Brüder sei Alkoholiker. Die älteste der drei Schwestern scheint arbeitsam und rechtschaffen zu sein. Die zweite ist nach Südamerika ausgewandert und hat seit Jahren nichts mehr von sich hören lassen. Die dritte hatte als Hotelangestellte ein uneheliches Kind, war in der Jugend auch unstät, soll sich jetzt aber nach der Verehelichung besser halten.

Eine recht unschweizerische Familie, welche die nationalen Tugenden wie Seßhaftigkeit, Strebsamkeit, Solidität nicht pflegt. Ein guter Humus für den Landesverräter Ernst. Nur einer ist der Scholle verbunden und »landwirtschaftlich ausgebildet« ... Weshalb die Geschwister ausgewandert sind, hat sich Dr. Pfister nicht gefragt. Das ist für ihn eine psychologische, nicht eine ökonomische Frage. Dr. Pfister ist kein Materialist.

Item, für Dr. Pfister ist immerhin einleuchtend, daß S. die Granatendiebstähle in einem Zustand der »wesentlich beeinträchtigten Selbstbestimmung« beging. Es war nämlich so gekommen: S., der sich bekanntlich alle paar Monate (auch in der »Freiheit«) nach Unterordnung und Anpassung sehnte, wenn er einem seiner periodischen Reueschübe erlag, hatte erfahren, »daß man in Deutschland von Arbeitsstellen nicht davonlaufen dürfe«. Da er »aus dem Hurenleben und dem Sumpf herauskommen wollte«, ging er aufs Deutsche Konsulat wegen eines Visums. Dort traf er auf den Schmid, der ihm ein Visum versprach, dazu noch eine Bezahlung, wenn er schweizerische Granaten und andere militärische Unterlagen liefere. Schmid sei »sehr väterlich zu ihm gewesen und habe ihm Zigaretten angeboten«. Offenbar sei Schmid eine Art Vater für S. geworden. Nun attestiert Dr. Pfister dem Ernst S. aber ausdrücklich eine »verborgene Homosexualität«, die sich zeigt »in seinem widerstandslosen Verhalten gegenüber

Gruppenbild der Familie S., ca. 1940. Von links nach rechts: Der Schwager Keusen, Vater S., Karl, Otto, Emil, Ernst, eine Freundin der Familie und Anna S.

bestimmt vor ihm auftretenden Männern«. (Wie ist Pfister gegenüber S. aufgetreten?) »Tüchtigen Erziehern und Vorgesetzten gehorchte er blindlings, solange er sie vor sich hatte, aber auch dem üblen Einfluß von älteren Kameraden in den Erziehungsanstalten ist er restlos erlegen.« [81] Also hatte S. allen Grund, dem Schmid ausgeliefert zu sein. Dr. Pfister ist überzeugt, daß »S. seine Granatendiebstähle unter dem starken psychischen Drucke Schmids einfach ausführen mußte. Die viel größere Verpflichtung dem Vaterland gegenüber war ihm voll bewußt, er konnte aber gegen die mit ihr konkurrierenden Kräfte der Hörigkeit gegenüber Schmid nicht mehr erfolgreich ankämpfen«. Jedoch, das reicht noch lange nicht, um S. als »unzurechnungsfähig im Sinne von Artikel 10 MSTG« zu bezeichnen (dann hätte er eine Chance gehabt, der Todesstrafe zu entgehen), es war »lediglich seine Fähigkeit, gemäß seiner Einsicht in das Unrecht der Tat zu handeln, herabgesetzt« [82]. »Die für eine oder höchstens zwei der Deliktgruppen zu beantragende verminderte Zurechnungsfähigkeit soll in keiner Weise die Gemeingefährlichkeit von S. herabsetzen«, schließt der Psychiater-Offizier seinen Bericht. »In seiner Haltlosigkeit, moralischen Minderwertigkeit, affektiven Unbeherrschtheit und neurotischen Unberechenbarkeit würde er im freien Leben immer wieder zu verbrecherischen Entgleisungen neigen. Sein Charakter weist zwar auch gewisse sozialere Züge auf, die bei sachgemäßer Führung zur Geltung gebracht werden können. Dazu wäre aber notwendig, daß er dauernd von den Verlockungen des Alltags ferngehalten wird. Auf jeden Fall ist notwendig, daß die Allgemeinheit vor ihm geschützt wird, und zwar dauernd, da für seine schwerwiegenden psychopathischen Defekte eine Heilung nicht zu erwarten ist. Er gehört auch dauernd unter vormundschaftlichen Schutz, die Bedingungen für Art. 369 Z.G.B. wären erfüllt.« Und ganz zum Schluß fügt er bei, zu Handen dieses Gerichts, das über Leben und Tod entscheidet:

Es sei noch ausdrücklich darauf hingewiesen, daß eine Heilung dieser verbrecherischen Anlagen nicht zu erwarten ist. [83]

Damit hatte der Psychiater seine Arbeit abgeschlossen. Er war ein wichtiges Rädchen in der Maschine. In einer ersten Etappe hatte die Maschine den Ernst S. zum Delinquenten gemacht. Er hatte in dieser Gesellschaft nur die Wahl: auszuflippen oder trostlos zu leben. Lebensgenuß war bei seiner gesellschaftlichen Lage gleichbedeutend mit leichter Kriminalität. In einer zweiten Etappe sperrte man ihn also ein: Anstalten, Heime, Fabriken, Vormundschaftsbehörden, Gefängnis. Einsperren genügt der Maschine aber nicht, das eingesperrte Subjekt muß noch zur Einsicht gebracht werden, daß es im Unrecht ist und daß die Einsperrung zu Recht erfolgt. Ernst S. mußte sich noch selber einsperren und die Ansichten der Gesellschaft über ihn zu seinen eigenen machen. In einer dritten Etappe hat man den Ernst S. deshalb zerknirscht. Weil Ernst ein harter Brocken war und seine natürlichen Triebe immer wieder durchbrachen, weil er sich erinnerte, daß er dem Vaterland nichts zu verdanken hatte, weil er die Auflehnung zum Lebensprinzip machte, genügte ein Feldprediger nicht, um Ernst zu zerknirschen (obwohl sich gleich zwei solche um ihn bemühten). Es mußte ein Psychiater beigezogen werden, der das fremde Über-Ich im Bewußtsein des Ernst S. einpflanzte. Das ist dem Psychiater gelungen, wenn auch immer wieder Rückfälle ins Es zu verzeichnen waren. Schließlich war Ernst reif: wie die Objekte der stalinistischen Schauprozesse, die erst dann umgebracht wurden, wenn sie mit ihrem Tod einverstanden waren, oder gar den Tod für sich selbst herbeiwünschten. Erst jetzt kann die Maschine mit ruhigem Gewissen töten. Kriminalisieren, internieren, liquidieren: in diesem Dreitakt hat die Maschine den Ernst S. verwurstet.

*

Das Divisionsgericht 7A unter dem Präsidium von Herrn Oberst Josef Lenzlinger, Großrichter, war wie alle Divisionsgerichte zusammengesetzt aus drei Offizieren und drei Unteroffizieren. Die Richter werden vom Oberauditor der Armee ernannt. Die Offiziere sind unterdessen alle gestorben (Dr. Fenkart, Ständerat Locher, Dr. Baur), auch der Großrichter ist vom Ewigen Richter abberufen worden. Walter Wörnhard, Dienstkamerad des S. sagt, ihm sei zu Ohren gekommen: die Offiziersrichter hätten sich vor der zweiten Verhandlung im kleinen Kreis getroffen, um den Tod des S. zu besprechen. Diese inoffizielle Zusammenkunft habe einen vollen Tag gedauert. Da für die Ausfällung der Todesstrafe Einstimmigkeit erforderlich ist, wollten sie kein Risiko eingehen. Ständerat Locher von der Brauerei Locher in Oberegg (AI) habe sich gegen den Tod des S. gesträubt, stundenlang. Da hätten die andern auf ihn eingepickt »wie die Hühner auf die Körnlein«, und schließlich sei auch Locher weich, das heißt, hart geworden.

Von den drei Richtern im Range eines Unteroffiziers, die alle noch unter den Lebenden weilen, hört man etwas anderes. Während der Verhandlung sei es der Großrichter Lenzlinger gewesen, der eher »gebremst« habe, meint der Pfändungsbeamte Franz Germann, und von der vorgängigen Sitzung der Offiziersrichter wisse er nichts. Die zweite Gerichtsverhandlung, die ins Todesurteil mündete, habe einen Tag gedauert, von 9–12 Uhr und von 14–16 Uhr habe man getagt. Allerhöchstens könnten es zwei Tage gewesen sein. Jedoch eher ein Tag als zwei, »weil S. einer von den Ehrlichen war und alles zugab«. S. hat ihn, so glaubt Germann, bei der Verhandlung erkannt, denn der Pfändungsbeamte Germann hatte drunten im Sitterthal bei der Familie S. oft gepfändet. So saßen sich hier zwei alte Bekannte gegenüber. Weil es aber in Wirklichkeit nichts zu pfänden gab, habe er jeweils nur den Wohnungsbestand

aufgenommen, die waren bekanntlich mausarm, und in den Akten wurde vermerkt: »Keine pfändbaren Aktiven vorhanden. Lohnpfändung nicht möglich.« Man wollte nicht den Landvogt spielen, etwa gar Tisch und Bett pfänden, man wollte menschlich denken. Einmal mußte er jenen Malermeister betreiben, der als Gauleiter in St. Gallen vorgesehen war und die Steuern nicht bezahlte. Der habe ihn an der Gurgel gepackt, worauf er dem designierten Gauleiter eins an den »Jahrgänger« gewichst habe, daß er der Länge nach hinschlug. Darauf sei sofort ein Telefon vom deutschen Konsul gekommen: Germann würde nach Weißrußland deportiert, sobald die Deutschen in St. Gallen einmarschierten. Auch vom Polizeiinspektor Kappeler, der jeweils zu den Parteitagen nach Nürnberg gereist sei, habe er sich ähnlich beschimpfen lassen müssen; Kappeler sei vom deutschen Konsul avisiert worden. Einmal habe er auch den »Haldenhof« an der Wassergasse zusperren müssen, das bekannt Nazilokal, weil das Deutsche Konsulat die Miete nicht pünktlich bezahlte.
Den S. hätten sie einstimmig zum Tode verurteilt, ohne Divergenzen, weil man sich sagte: Jetzt muß einmal ein Exempel statuiert werden! Auch habe S., als man ihn nach der Urteilsverkündigung fragte, ob er noch etwas zu sagen habe, gesagt: Bin mit dem Urteil zufrieden, habe noch mehr angestellt als in den Akten ist, befördert mich jetzt bitte möglichst schnell in den Tod, ich bin ein Spitzbub. S. war ein Rassiger, sagt Germann, der dazu gestanden ist, hat sich anständig und recht aufgeführt während der Verhandlung. Die Expertise des Psychiaters hätten sie nicht gesehen, der Gerichtsschreiber hat einige Passagen vorgelesen, aber weil S. sich normal, das heißt rassig, aufführte, spielte die Expertise keine Rolle. Lenzlinger habe ihm später gesagt, es sei eine der bestorganisierten Exekutionen gewesen, anständig und ohne Theater. Weil wir das erste Todesurteil gesprochen haben, meint Germann, kriegten

die andern dann auch die Rasse, solche Urteile zu sprechen. Nach dem Urteil ging Germann aufs Betreibungsbüro, er hat nicht gegessen und schlecht geschlafen. [84]
Fourier Gschwend, der damals unabkömmlich war und seinen Stellvertreter in die Verhandlung schicken mußte (den Gemeindeschreiber von Ennenda), sich aber nachher orientieren ließ, sagt, der Großrichter habe Direktiven erhalten vom Oberauditor der Armee, man müsse jetzt durchgreifen, es gehe langsam ins dicke Tuch. Der Auditor Dr. Karl Eberle, welcher die Anklage erhob, sei immer auf der scharfen Linie gewesen, so schien es ihm. Oberst Baur sei auch ein Scharfer gewesen, während Oberst Fenkart eher ein Spezialist für Autounfälle im Militär war. Baur habe ein kolossales Auftreten und eine saloppe Art gezeigt. Jean Koch, der dritte Richter, spricht von einer sechs Tage dauernden Verhandlung, man habe es sehr ernst genommen. [85] (In der amtlichen Mitteilung vom 9. Oktober ist nur von einem Tag die Rede.)
Aus den Akten weiß man, daß der Auditor Dr. Karl Eberle tat, was ein Staatsanwalt gern tut: die Höchststrafe verlangen. »Der Auditor ficht die Durchschlagskraft des psychiatrischen Gutachtens an, begründet seine Zweifel in die Hörigkeitsthese, stellt fest, daß auch keine andere Anomalie vorliege, und stellt Antrag auf Todesstrafe, evtl. lebenslängliches Zuchthaus.« Diesem Antrag folgend, stellt das Gericht strafrechtliche Vollhaftung für sämtliche Straftaten fest, der Beklagte wird mit Einstimmigkeit zum Tode verurteilt. Der Verurteilte ist überdies »verpflichtet, die nachherigen Kosten der Verpflegung, des psychiatrischen Gutachtens und der heutigen Verhandlung, worunter eine Gerichtsgebühr von Fr. 50.–, zu tragen«.

*

Dr. Karl Eberle, der den Tod, evtl. lebenslängliches Zuchthaus, für S. verlangte, hat sich um die Renovation der St.

Galler Kathedrale verdient gemacht. Er war Präsident des Katholischen Administrationsrates, Präsident des Domkonzert-Vereins, ist Verwaltungsratspräsident des Benziger-Verlages, Sekretär der Winkelried-Stiftung (die für Kriegerwitwen und -waisen sorgt), besaß eine gutgehende Anwaltskanzlei, eine Zeitlang war er im Büro Hüppi-Furgler-Eberle, kurzum, er gehört zu den Honoratioren dieser Stadt St. Gallen. In der *Ostschweiz* vom 30. 12. 1971 lesen wir unter dem Titel *Du hattest stets etwas Grandseigneurales* folgende Lobpreisung des scheidenden Administrationsratspräsidenten Eberle (aus der Feder des bewährten Dr. Bauer):
(...) gerade was Du an Stiftserbe, an Barockem (und anderem) zu verwalten hattest, hat Dir etwas von den baufreudigen Fürstäbten gegeben, etwas Grandseigneurales, Freizügiges, Weltläufiges. Die Werke der Renovationen, Restaurierungen und Neubauten waren auf Deine so stark der Kultur zugetane Persönlichkeit wie zugeschnitten. Und der Barock lag Deinem lebens- und schönheitsbejahenden, aber auch transzendentalen Dimensionen aufgeschlossenen Wesen nach ganz besonders. Nicht umsonst pflegen auf Deinen Neujahrskarten jeweils so hübsche und geistvolle Puttenkinder auf klösterlichen Bezirken zu grüßen (...) Ein leidenschaftlicher Freund, Förderer und Erhalter der Musica sacra, von dem man in Domchorkreisen musikalisch-melodiös als vom »Don Carlos« zu reden pflegt (...) Noch viele, viele Jahre hoffentlich! Vielleicht nicht mehr so beschwingt, wie eines Deiner Neujahrskarten-Putti, aber bestimmt so freundlich und lebensbejahend wie eines von ihnen.
Wenn man Oberst Eberle (er wurde befördert) heute sagt, man interessiere sich für S., so findet er: lohnt sich das, ist S. eine derart wichtige Persönlichkeit? Und er will nicht über S. sprechen, müsse es überschlafen, in einer Woche könne man wieder anfragen. Beim zweiten Telefongespräch, und nachdem man seine Referenzen brieflich einge-

reicht hat, sagte er:
Ich habe es mir überlegt und bin zum Schluß gekommen: Laßt die Toten ruhn.
Wenn man trotzdem wissen möchte, warum S. unbedingt sterben mußte, sagt er:
Jetzt werden Sie aber unanständig!
und hängt auf. [86]
Doch zurück zu S., der auf den Tod wartete. Seine freizügig-beschwingte, weltläufige Natur hatte sich unter fortgesetztem Druck ins Gegenteil verkehrt, er sehnte jetzt den Tod herbei. Nach den vielen Einschließungen, die ihm das Leben gebracht hatte, schien ihm eine Zuchthausstrafe vollends unerträglich. Er wollte frei sein oder tot. Dem stand nicht mehr viel im Wege. Ein Appellationsverfahren gibt es im Militärstrafwesen nicht, nur eine Kassation. Am 21. Oktober schrieb Herr Widmer, Offizier, Anstaltsleiter in der Langhalde, an Ernsts Schwager Keusen:
Herr Dr. Zollikofer (Ernsts Offizialverteidiger) hat mir Montagabend telefoniert, daß die Urteilsbegründung über Ernst eingegangen und derart sei, daß er die Einreichung einer Kassationsbeschwerde für völlig aussichtslos halte, da sich einfach keine stichhaltige Begründung finden lasse. Da er auch keine Zeit sah, sich mit uns nochmals zu beraten vor Ablauf der gesetzlichen Einreichungsfrist, entschlossen wir uns, auf ein Kassationsgesuch zu verzichten und unverzüglich das Begnadigungsgesuch einzureichen, von dem mir Herr Dr. Zollikofer heute beiliegende Abschrift zu Ihren Handen zustellte. Wollen Sie dieselbe auch den Brüdern zur Einsicht geben und mir heute abend oder morgen vormittag nochmals anläuten, ob wir nun Dr. Zollikofer nochmals kommen lassen wollen zur Abfassung eines unterstützenden Bittgesuches der Angehörigen oder ob wir ein solches selbst aufsetzen wollen. Leider ist meine Zeit zur Behandlung der Sache nur noch sehr knapp, da ich Freitagmorgen einrücken muß. Mit freundlichen Grüßen, H. Widmer.

Nunmehr mußte S. nur noch auf die Vereinigte Bundesversammlung warten, die am 9. November 1942 in außerordentlicher Session zusammentrat, um »sein« Gnadengesuch zu behandeln, das er nicht hatte unterschreiben wollen. Die Gnadengesuche Z. und F. wurden in derselben Sitzung behandelt. Das Parlament folgte stets den Anträgen der Begnadigungskommission. Von einem Mitglied dieser Kommission war zu vernehmen,

daß sie jeweils knapp einen Tag gebraucht habe für die Beurteilung der einzelnen Fälle, ab neun Uhr morgens konnte man die Akten einsehen, die Sitzung war dann um vier Uhr nachmittags. Sie hätten die Akten aber oft kaum mehr richtig studiert, weil sie sich sagten: Wir müssen kein Urteil fällen, sondern nur begnadigen oder nicht. Da die Großrichter ihre Sache immer sehr ernst nahmen und man sich auf ihre Urteile verlassen konnte, war die Arbeit der Begnadigungskommission dadurch sehr erleichtert. Während den sehr kurzen Sitzungen im militärisch bewachten Zimmer 3 sei die Diskussion kaum benützt worden, der Präsident habe jeweils referiert und die Begnadigung immer abgelehnt, und dann hätten sie sich fast immer einstimmig seinen Ausführungen angeschlossen. Der Präsident der Kommission hieß Killer und war ein Sozialdemokrat aus Baden. [87]

Der Präsident lehnte ab, die Kommission lehnte ab, das Parlament lehnte die Begnadigung des Ernst S. mit 176 gegen 36 Stimmen auch ab. S. wird sich gefreut haben, daß nur fünf Sechstel der Bundesversammlung seinen Tod wollten und ein Fünftel für das Leben stimmte. Vielleicht erwartete er, nur zu fünf Sechsteln erschossen zu werden, damit die Demokratie bis zum Schluß triumphiere. Das Urteil war rechtskräftig geworden. Das war am späten Nachmittag des 9. November.

Pfarrer Geiger fragte bei Otto S. an, ob die Familie den Leichnam haben wolle am nächsten Morgen. Doch die

Familie sagte: Ihr könnt den Leichnam jetzt selber versorgen, als Ernst noch lebte, habt Ihr uns auch nie gefragt, was mit ihm werden soll. Anläßlich der Beerdigung am 10. November 1942 sprach Feldprediger Geiger Worte des Trostes: Ernst sei wie ein Held gestorben, und er befinde sich jetzt in einem Land wo es keine Verräter mehr gibt. [88] Pfarrer Gut von St. Laurenzen, der ihn auch betreute, erzählte später im Religionsunterricht den Konfirmanden, S. habe noch auf dem Weg zur Hinrichtung nicht geglaubt, daß es ernst gelte. Die Trauerfamilie S. erhielt eine Beileidskarte von Gefangenenwart Gasser, der Ernst gern hatte: »Liebwerte Trauerfamilie, während den letzten 10 Monaten seines unglücklichen Erdenlebens hatte ich die Pflicht, Ihren Sohn und Bruder Ernst im Bezirksgefängnis zu betreuen. Sein tragisches Lebensende greift mir tief in die Seele, und hätte ich nicht die Genugtuung, für Ihn getan zu haben was in meinen Kräften lag, ich müßte verzweifeln. Hiemit entbiete ich dem lieben unglücklichen Ernst meinen letzten Gruß und den schwer geprüften Angehörigen mein tief empfundenes Beileid.« Es war die einzige Trauerkarte.

*

Für die überlebenden Mitglieder der Familie S. gab es fortan eine spezielle Form der Brandmarkung: die Sippenhaftung. Otto sagt: »Was wir alles durchmachten und immer noch durchmachen! Dazumal war ja Krieg, mußtest dich anmelden als Soldat S., und die ganze Kompagnie sagte, ist das nicht der Bruder von dem, den sie da erschossen haben? Später, wenn man sich irgendwo um Arbeit bemüht hat, hieß es: Sind Sie etwa der Bruder vom Landesverräter? Warst überall gehindert, hast schon deinen Namen nicht mehr gern gesagt, hast dich möglichst überall zurückgezogen. Vorher war ich in der Musik, gab dort den Austritt, in allen Vereinen, Fußballclub, überall den Aus-

Ernst S., mit einer Geige posierend. Tatsächlich spielte er Trompete.

tritt gegeben. Und so ging es auch allen andern Brüdern. Sie zählten uns schon zum Hitler, überall hat man praktisch den Schuh in den Arsch bekommen.«
Karl S. kannte in jener Zeit eine Bauerntochter aus dem Toggenburg, die beiden machten Heiratspläne. Als die Sache mit dem Ernst passierte, bekam Karl ein Brieflein von seiner Braut: Sie bedaure sehr, in eine solche Familie heirate sie nicht, unter diesen Umständen müsse sie verzichten, und dann war es fertig und aus mit der Bekanntschaft. Wie das ihm weh getan habe, sagt Karl heute, das könne er niemandem sagen, aber jetzt sei es ja vorbei.

Postscriptum 1

Dr. Rolf Zollikofer, einem alten Geschlecht der St. Galler Bourgeoisie entstammend (Familienschloß in Altenklingen), das unter anderem den Verleger des freisinnigen *St. Galler Tagblatts* hervorgebracht hat, war der Offizialverteidiger des Ernst S. Im »Schloßhotel« von Pontresina gibt er am 4. August 1974 folgende Auskunft:
Ernst S. habe ihn als befangen abgelehnt, er wollte selbst einen Verteidiger aussuchen, wollte keinen Offizialverteidiger zugeteilt erhalten. Das Gericht habe dieses Ersuchen von Ernst S. geprüft und sei zum Schluß gekommen, daß Dr. Zollikofer nicht befangen sei und demnach Offizialverteidiger bleibe. Ernst S. habe auch gesagt, daß alle unter einer Decke stecken, Richter, Auditor und Verteidiger. Davon konnte keine Rede sein, sagt Dr. Zollikofer, der Prozeß wurde äußerst korrekt geführt. Er habe den Großrichter Lenzlinger gut gekannt, sei im selben Quartier aufgewachsen. Ein äußerst angesehener Richter. Mit Auditor Eberle sei er, Zollikofer, in derselben Gymnasiasten-Verbindung gewesen, daher habe man sich geduzt. Eberle, vulgo »Gong«, habe diesen Studentennamen seiner sonoren

Stimme zu verdanken, sagt Zollikofer, vulgo »Mungg«. Die »Rhetoriker« waren eine Verbindung mit Bierkomment, Fuchsenstall und farbentragend, präzis wie an den deutschen Universitäten. Stammlokal war die »Falkenburg«. Den Offiziersrichter Dr. Fenkart habe er auch gekannt, habe dieser doch die ehemalige Villa Zollikofer auf dem Rosenberg bezogen. Eberle residierte in der Villa Thoma, die einem Stickereifabrikanten gehört hatte. Alles prächtige Residenzen, wie die ehemalige Villa Wehrle, wo sich das Deutsche Konsulat einquartierte. Ernst S. sei eher ein »primitiver Typ« gewesen, habe ihm einen schlechten Eindruck gemacht, stritt lange alles ab. Er, Zollikofer, habe lebenslänglich beantragt für Ernst S., wie bei den andern Landesverrätern, die er vorgängig schon verteidigt hatte und welche zum Teil Delikte begangen hätten, die dem Land mehr schadeten als Ernsts Vergehen. Jene seien mit Gefängnisstrafen davongekommen. Als Ernst S. dann aber so ruhig in den Tod ging, habe er alle Hochachtung vor ihm bekommen, und S. habe ihm dann einen besseren Eindruck gemacht. Als S. zum Tode verurteilt wurde, habe keiner von den Offizieren, auch er nicht, das als ungerecht empfunden. Die Angehörigen von S. hat Dr. Zollikofer nie gesehen, nur einmal mit seinem Bruder Otto telefoniert. An das Gutachten des Psychiaters kann er sich nicht erinnern. Wie oft er den Delinquenten S. gesehen hat weiß er nicht mehr genau, vielleicht drei oder vier Mal in der Untersuchungshaft? Es ist ja schon lange her. Nach dem Urteil hat er dann eine Zeitlang nichts mehr von S. gehört, ist wieder zu seiner Einheit verreist, bis er eines Tages im Winter den dienstlichen Befehl erhielt, sich in Uzwil (oder war es Oberuzwil?) am Nachmittag des 9. November bei Oberst Birenstihl zu melden. Da wußte er: die Exekution steht bevor, und er muß beiwohnen. Es war damals ein schöner Wintertag, am Nachmittag noch ein Ritt der Thur entlang, abends Besammlung der Offiziere im »Rössli«. Der Meldefahrer, welcher den schriftlichen Bescheid überbringen mußte, ohne welchen die Erschießung nicht stattfinden konnte, hatte sich mit seinem Motorrad verspätet, weil dichter Nebel herrschte. Gegen 9 Uhr abends ist der Todesbote dann eingetroffen. Unterdessen hatte sich eine ganze Kohorte von höheren Offizieren, die mit der Hinrichtung nichts zu schaffen hatten, im »Rössli« versammelt. Es stellte sich heraus, daß Oberst Birenstihl, der Fabrikdirektor aus Winterthur, seine höheren Offiziersfreunde zur Erschießung geladen hatte. Bald war auch der Camion mit dem Exekutionspeleton zur Stelle. Der Konvoi setzte sich in Bewegung, vorn der Camion, anschließend eine ganze Prozession von Personenwagen mit den Offizieren drin und ihren Chauffeuren. Von Jonschwil sei man zu Fuß weitergegangen in den Wald, dort hätten sie den S. angebunden an einem Tännchen, dazu je zwei Fackeln links und rechts, welche die Szene erleuchteten. Ernst S. habe sich gar nicht gesträubt. Andere Exekutanden hätten geschrien und getobt in ihren letzten Momenten, Q. und R. zum Beispiel, deren Erschießung er auch beiwohnte. Ernst S. habe die Augenbinde abgelehnt, die Oberst Birenstihl ihm anbot, habe dann gerufen: Bin ein Sauhund, bin ein Landesverräter, der Herrgott nimmt mich auf, legt mich jetzt um. Es habe sich dann gezeigt, daß alle Schüsse rechts vom Herz eingedrungen waren, deshalb der Fangschuß in den Tränenkanal. Die Leiche habe vorn bleistiftgroße Einschußlöcher aufgewiesen, sei hinten jedoch »ganz aufgeschränkt« gewesen. Im Sarg war Sägemehl zum Blutaufsaugen. Die Stimmung sei gewesen wie in einem Märchen von Wilhelm Hauff. Ein Käuzchen habe geschrien, und von der Kirche hörte man die Turmuhr Mitternacht schlagen. Nach der Exekution hätten sich die Offiziere noch im »Rössli« versammelt zu einem Trunk, da wollte keiner allein sein.

Postscriptum II

Um der Wissenschaftlichkeit Genüge zu tun, hatte der Psychiater Dr. Pfister mit dem Exploranden Ernst S. auch einen Rorschach-Test gemacht:
»Die Ergebnisse bestätigen die bereits geschilderten Befunde. Der ›Rorschachsche Formdeutversuch‹ ergibt die überdurchschnittliche Zahl von 45 Antworten, was für anregsame Intelligenz spricht. In zahlreichen (9) geographischen Antworten spiegelt sich der Hang zum Vagantentum. 7 Zwischenantworten weisen auf seine oppositionellen Tendenzen hin. Neurotisch verdrängte Konflikte offenbaren sich in 4 anatomischen und 2 Röntgenantworten, sowie in einem ausgeprägten Farbenschock. Düstere Farben brachten ihn beinahe zum Gruseln, die farbigen Tafeln erinnerten ihn an etwas Unheimliches, namentlich das Orangerot bezeichnete er in hysterisch anmutender, ganz unmännlicher Weise als grausig, wie eiterig, es friere ihn beim Anblick, denn immer komme ihm Blut in den Sinn oder er müsse sich an zerfetzte Wundränder erinnern [89].«

Anmerkungen

1 Telefongespräch Mitte Juli 1974 mit Hauptmann-Pfarrer Geiger in Wil. Er müsse sich zuerst mit seinen Kollegen vom Stab besprechen, bevor er zu diesem Thema irgendetwas verlauten lasse, sagte er. Schließlich gab er im Verlauf des viertelstündigen Gesprächs doch einige Erinnerungen preis. Bei einem zweiten Anruf vier Tage später sagte Pfarrer Geiger, er habe sich jetzt mit seinen Kollegen vom Stab besprochen und sie seien zum Schluß gekommen, daß Stillschweigen bewahrt werden müsse. – Feldprediger der Schweizer-Armee bekleiden im Dienst automatisch den Rang eines Hauptmanns und reden sich untereinander mit ›Kamerad‹ an. Hauptmann-Pfarrer Geiger hat S. auch im Bezirksgefängnis von St. Gallen betreut, als dieser in

Untersuchungshaft saß und später dort auf den Tod wartete (auch Pfarrer Gut von der St. Laurenzenkirche hat S. dort regelmäßig besucht). – Dem Feldprediger obliegt es, die Exekutanden derart mit ihrem Schicksal zu versöhnen und aufs Jenseits zu vertrösten, daß sie ohne Aufhebens in den Tod gehen. Ein Exekutand, der sich sträubt und bis zum letzten Moment Widerstand leistet, könnte das Exekutionspeleton in Verwirrung bringen und das Exekutionsprotokoll stören. Deshalb darf keine Hinrichtung ohne Feldprediger stattfinden. Auch ein Sanitätsoffizier muß dabeisein, um den Tod festzustellen. Falls dieser nicht sofort eintritt, muß er den sogenannten Fangschuß anordnen, welchen ein Offizier mit der Pistole verabreicht, gewöhnlich in den Mund oder in die Schläfe. Protokollgemäß haben auch der Großrichter, der Einheitskommandant, der Auditor (= Staatsanwalt im Militärstrafprozeß) und, fakultativ, der Verteidiger der Exekution beizuwohnen. – Eine Frage, die ich diesem Feldprediger stellen wollte, lautete: Kann man als Gottesmann eine solche Arbeitsteilung akzeptieren und sich zu einem Rädchen der Hinrichtungsmaschine machen lassen, ohne über die Gerechtigkeit des Urteils nachzusinnen?

2 Auskunft Dr. Zollikofer von 4. August 1974.
Was die näheren Umstände der Hinrichtung betrifft, ist der Verfasser auf mündliche Quellen angewiesen; er konfrontiert Aussagen, die verschiedenen Interessenlagen entspringen. Offiziere haben andere Details im Gedächtnis behalten als die Soldaten des Hinrichtungskommandos. Entsprechend dem neuen Regulativ des Bundesrates betreffs Aktenbenützung im Bundesarchiv könnten zwar Akten, die mehr als 30 Jahre zurückliegende Vorgänge betreffen, konsultiert werden. (Die militärischen Strafakten liegen noch nicht im Bundesarchiv, sondern im Archiv des Oberauditorats, Abteilung Militärstrafwesen.) Das Oberauditorat teilte dem Verfasser jedoch mit Brief vom 23. Juli 1974 mit: »... wir teilen Ihnen im Auftrag des Oberauditors mit, daß es uns, gestützt auf Art. 74 der Verordnung über die Militärstrafrechtspflege vom 29. Januar 1954, im Interesse der Geheimhaltung nicht möglich ist, Ihnen [in] das Dossier oder in Teile davon Einsicht gewähren. Mit vorzüglicher Hochachtung, Oberauditorat, Militärstrafwesen (Unterschrift unleserlich).«

Die Sperrung von Akten wird gewöhnlich mit der Rücksichtnahme auf die Angehörigen der Erschossenen begründet. Da der Verfasser jedoch eine schriftliche Erklärung der Angehörigen besitzt, wonach sie nichts gegen die Aktenkonsultation einzuwenden haben, muß die Sträubung des Oberauditors eventuell mit der Rücksichtnahme auf die damals beteiligten Justizoffiziere und Kommandanten erklärt werden. Außer den Exekutionsakten befindet sich eine Anzahl von Akten in Privatbesitz. Diese wurden dem Verfasser teils ausgehändigt, teils konnte er sie exzerpieren. Diese recht umfangreiche Dokumentation stellt der Verfasser dem Oberauditor der Armee gerne zur Verfügung, wenn er sich ein Bild von der Persönlichkeit des S. machen will.

3 Grütliverein: ein Vorläufer der sozialdemokratischen Partei. Eher gemäßigter Verein, was nicht hinderte, daß seine Anhänger auf dem Lande, und gar im stockkonservativen ›Fürstenland‹ (Abtwil), als Kommunisten verschrien wurden.

4 ›200 Jahre Union mit der Mode.‹ Festschrift zum zweihundertjährigen Bestehen der Union AG in St. Gallen, für welche Firma der Redaktor Bauer Public Relations machte.

5 Vgl. 4.

6 Otto und Karl S. haben dem Verfasser eine ganze Anzahl von Fotos zur Verfügung gestellt: die vollzählige Familie drunten im Sittertobel, Ernst im Arbeitslager Carona, mit Zipfelmütze im Wald bei Holzarbeiten, Ernst in Uniform bei der Blasmusik Abtwil, ein Paßbild von Ernst, Vater S. (vor dem Hof Wiehnachtshalde, mit Tabakpfeife) auf der Rückseite mit zittriger Schrift von seiner Hand vermerkt: ›Geb. 26. X. 1872, Übertritt ins 71. Jahr, 26. X. 1942, Emil S., Sen.‹, Otto in jungen Jahren vor der Gärtnerei Frank (›Gräber, Besorgung, Urnen, Dekoration‹), und andere mehr. Von Gärtner Frank beschimpft, hat Otto denselben einmal in einen Buchsbaumkübel gesteckt und wurde entlassen.

7 Aus der Feder von Dr. Bauer gibt es, obwohl er sich schon längere Zeit in St. Gallen aufhält, keine präzisen Beschreibungen der Ausbeutungsverhältnisse in St. Galler Fabriken, keine Notizen zum Lohn der St. Galler Arbeiter im Vergleich zum Profit der Fabrikanten. Bauer hat sich auf die Restauration der Kathedrale spezialisiert. Dieser restaurative Journalismus wird vom *St. Galler Tagblatt* (freisinnig) eventuell noch übertroffen.

8 Soweit der Verfasser es überblicken kann, kam S. als Einziger von den siebzehn Erschossenen in den Genuß einer psychiatrischen Untersuchung.
9 Mit ›Sie‹ ist Großrichter Lenzlinger gemeint, an den Pfisters Schreiben vom 3. Oktober 1942 gerichtet ist. Dr. Josef Lenzlinger, Jurist, Oberst, Studium in Einsiedeln und Fribourg, Bezirksamtsschreiber in Kirchberg und Wil, dann Departementssekretär im sankt-gallischen Justizdepartement, Kantonsrichter, Gerichtspräsident, katholisch-konservativ. Wie sich Lehrer Lenzlinger an der Flurhofstraße in St. Gallen, der mit ihm verwandt ist, erinnert, hatte der nunmehr verstorbene Oberst manchmal im »unterhaltenden Ton« von der Exekution des S. erzählt, bei welcher er assistierte.
10 Der aber »zu jener Zeit schon ganz ausgelöscht« gewesen sei. (Telefon mit Dr. Pfister)
11 Telefon von Mitte Juli 1974 mit Dr. Pfister
12 Vgl. 11
13 Auch alle an der Exekution Beteiligten mußten Stillschweigen geloben. Nach 32 Jahren scheint es manchem von ihnen jedoch angezeigt, dieses zu brechen.
14 Schreiben des Justizdepartements des Kantons St. Gallen, signiert: Regierungsrat F. Schlegel, vom 17. Juli 1974, an den Verfasser: »... erteilen wir Ihnen hiemit die Bewilligung, in das Urteil des Bezirksgerichtes St. Gallen vom 3. November 1941 i. S. Ernst S. Einsicht zu nehmen ...«
15 Bewilligung zur Einsichtnahme in die Vormundschaftsakten Ernst S.; vgl. 14
16 Als der Verfasser die Fakten zur Erschießung der Fouriere F. und Z. zusammenstellte (vgl. *Tages-Anzeiger-Magazin* Nr. 32 und 33, 1973), machte er andere Erfahrungen: Justizoffiziere, Feldprediger, Exekutionsoffiziere, welche die Hinrichtung im Eigental geleitet hatten, sprachen offenherzig vom »gerechten Urteil« und von der »sauberen Exekution, die reibungslos verlaufen war«.
17 Auskunft von L. Spreiter, dem ersten Vormund des Ernst S.
18 Auskunft von Frau Spreiter
19 Auskunft von Otto S.
20 Auskunft von einer Schulkameradin des Ernst S. (Frau Dr. Stäheli)
21 Gutachten Pfister, S. 4. Anführungszeichen vom Verfasser.

Da es sich nicht um eine Universität handelte, wurde der Ausdruck »promoviert« kaum gebraucht.
22 Vgl. 21
23 Vgl. 21
24 Mit »Expl.« ist der »Explorand« gemeint (Ernst S.). Ungefähre Übersetzung aus dem Lateinischen: ›Der zu Erforschende‹.
25 Aus dem Archiv der Färberei Sitterthal; Lohnlisten 1934. Herr Solenthaler hat sie in verdankenswerter Weise hervorgesucht.
26 In der St. Galler Presse hätte der Artikel nicht erscheinen können, nicht einmal in der sozialdemokratischen *Volksstimme*, geschweige denn im *Tagblatt* (freisinnig) oder in der *Ostschweiz* (katholisch-konservativ).
27 Gutachten Pfister, S. 4
28 Brief von Pfarrer Kutter vom 13. 1. 37 an die Vormundschaftsbehörde der Stadt St. Gallen
29 Vgl. 28. Ob diese Summe aus persönlichen Mitteln oder aus Pfarramtsgeldern bestritten wurde, geht aus dem Brief nicht hervor.
30 Politische Gemeinde Gaiserwald ans Tit. Bezirksamt Gossau, 19. 1. 37.
31 Besuch bei Frau Widmer, Abtwil, Mitte Juli 1974
32 Gutachten Pfister, S. 5
33 Vgl. 31
34 Gutachten Pfister, S. 5
35 Vgl. 34. Hervorhebung im Original
36 Brief an die Vormundschaftsbehörde St. Gallen, Orthographiefehler im Original. Derselbe Brief wird von Pfister in seinem Gutachten zitiert, aber ohne Orthographiefehler... Die Orthographie des Ernst S. ist bedeutend korrekter als die Orthographie der ihm vorgesetzten Behörde in Hettlingen.
37 Besuch in der Konservenfabrik Winkeln, Ende Juli 1974. Auskunft einer Prokuristin, die schon jahrzehntelang in der Fabrik arbeitet.
38 Vgl. 37
39 Gutachten Pfister, S. 6
40 Brief Spreiters vom 11. September 1937 an die Armenverwaltung von St. Gallen
41 Protokoll Keel, Armenverwaltung St. Gallen
42 Jakob und Otto S., die im Tessiner Hotelgewerbe arbeiteten

43 Gutachten Pfister, S. 6 u. 7
44 Gutachten Pfister, S. 8
45 Gutachten Pfister, S. 8
46 Gutachten Pfister, S. 9
47 Gutachten Pfister, S. 9
48 Will nicht genannt werden, da er heute noch fürchtet, als Landesverräter apostrophiert zu werden, obwohl er im Prozeß freigesprochen wurde.
49 Gutachten Pfister, S. 10
50 Bezirksgericht St. Gallen, Urteil in Sachen Ernst S.
51 Vgl. 50
52 Telefonische Auskunft von Tenor Heinz Huggler, Ende Juli 1974.
53 Auskunft Peter Fehr, Fehrsche Buchhandlung St. Gallen, Ende Juli 1974
54 *Volksstimme* vom 5. 1. 39
55 *Volksstimme* vom 11. 5. 43
56 *Volksstimme* vom 8. 5. 43
57 Brief Albert Scheurers an den Verfasser, 2. 9. 74
58 Aus dem Archiv des St. Galler Stadtrates: ›Beschluß des Sankt Galler Stadtrates‹
59 Vgl. 58
60 Vgl. 58
61 Brief von H. R. Kurz (Eidgenössisches Militärdepartement) vom 26. 7. 74 an den Verfasser
62 Gutachten Pfister, S. 11
63 Gutachten Pfister, S. 11
64 Gespräch mit Herrn Ganzoni (Firmenchef), Ende Juli 1974, im Vertreterzimmer der Firma Ganzoni
65 Olma = ›Ostschweizerische Land- und Milchwirtschafts-Ausstellung‹, welche jeden Herbst in St. Gallen stattfindet.
66 Eine Winterbeschreibung von Dr. Hermann Bauer
67 Gutachten Pfister, S. 12 u. 14
68 Vgl. 67
69 Telefonische Auskunft von Alt-Stadtrat Schlaginhaufen (Sozialdemokrat)
70 ›Negerheiland‹: Ein Lokal von ›Sektenbrüdern‹ soll sich nach Auskunft von A. im selben Haus befunden haben. Im Gefolge der Stickereikrise schossen die Sekten ins Kraut.
71 Gutachten Pfister S. 12 u. 13. Der Schneider A. bestreitet, je einen Finger für den militärischen Nachrichtendienst gerührt zu haben.

72 *Neue Zürcher Zeitung*, Nr. 392 vom 25. August 1974
73 Vgl. 61
74 Gutachten Pfister, S. 15
75 Gutachten Pfister, S. 17
76 Es wäre nicht uninteressant, Pfisters Verhältnis zu den Frauen (›weiblich-schmiegsam‹) zu untersuchen. Bemerkenswert auch die Copula ›infantil-feminin‹.
77 Gutachten Pfister, S. 18
78 Gutachten Pfister, S. 19
79 Gutachten Pfister, S. 20
80 Auskunft von Otto S.
81 Gutachten Pfister, S. 25
82 Gutachten Pfister, S. 31
83 Gutachten Pfister, S. 32, zweitletzter Satz
84 Besuch bei Germann in St. Gallen, Ende Juli 1974
85 Telefonische Auskunft von Koch und Gschwend, Ende Juli 1974
86 Telefonische Auskunft von Eberle, 19. Juli 1974
87 *Tages-Anzeiger-Magazin*, Nr. 32, 1973
88 Auskunft von Otto S.
89 Gutachten Pfister, S. 21

Erläuterungen

Erschießung des Ernst S.: Das Todesurteil konnte verhängt werden, da die Schweizer Armee im Zweiten Weltkrieg mobilisiert war und sich im Aktivdienst befand, nicht im Friedensdienst. Im Militärstrafrecht ist die Todesstrafe für den Kriegsfall vorgesehen, im Zivilstrafrecht gibt es sie nicht.

Abwart: Hausmeister.

Tobel: Tal.

Fergger: Arbeiter in einer Textilfabrik, der die Fäden auf dem Webstuhl einzieht.

Oberauditor: Oberstaatsanwalt im Militärgericht.

AHV: staatliche schweizerische Alters- und Hinterbliebenenversicherung.

Waffenfabrik in Oerlikon: Sie ist im Besitz der Familie Bührle und existiert heute noch.

Kassation: Es gibt im schweizerischen Militärstrafwesen kein Berufungsverfahren, sondern nur die Kassation, das heißt, daß der Oberauditor das Urteil kassieren kann.

Richard Dindo:
Anmerkungen zum Film
»Die Erschießung des Landesverräters Ernst S.«

I

Der Film öffnet der Geschichte vom Leben und Tod des Ernst S. neue Horizonte.

Es reden darin die Brüder Otto, Karl und der neu hinzugekommene Emil, der im Buch (Erstausgabe) noch nicht vorkommt. Er hatte sich all die Jahre dank einer anderen Namensschreibung aus der ganzen Sache heraushalten können, wollte nichts davon hören und nicht darüber reden. Als Kommunist und Militanter der Arbeiterbewegung lähmte ihn die Tatsache, daß »da ein Bruder war, der für die andern gearbeitet« hat.

Das Exemplarische an Ernsts Geschichte war, daß er kein politisches Bewußtsein hatte. Seine Brüder hatten ein Klassenbewußtsein, er nicht. Der Film geht hier weiter, setzt neue Schwerpunkte, politische Schwerpunkte.

»Ich kann mir vorstellen, daß Ernst überhaupt keinen Kontakt erhalten hat mit fortschrittlichen Leuten und daß er dadurch, aus mangelndem Kontakt, Kontakt erhielt mit der andern, mit der schlechten Seite und dadurch eben leider Gottes in diese Geschichte hineinrutschte, was er mit dem Leben bezahlen mußte, der arme Teufel.« (Emil S.)

»Ich habe verschiedene Male versucht, ihn anzupütschen. Organisier dich doch mal oder geh doch einmal da und dort hin, du mußt doch gottverdeckel einmal eine Linie finden. Aber durch das, daß er ständig so viele Jahre allein war und sich praktisch nur noch um seinen Fraß kümmern mußte, hat er gesagt, sind doch alles die gleichen Schlunggi, ich will überhaupt von niemandem etwas wissen, politisch.« (Otto S.)

Weiter interviewt sind die Schlummermutter, Frau Lüthy; der Heimleiter Widmer; das Vormundehepaar Spreiter; der Dienstkamerad Wörnhard; der Kollege Keller; der Pfändungsbeamte G., Laienrichter am Prozeß; der Soldat Lamprecht, den Hergang der Erschießung erzählend; der Historiker Bonjour, Autor einer Geschichte über die schweizerische Neutralität, und Alt-Ständerat Dietschi, Mitglied der Begnadigungskommission im Parlament.

In den Film eingeflochten sind schweizer Filmwochenschauen aus der Epoche.
Die Stadt St. Gallen und die Lebensstationen des Ernst S. sind aufgezeichnet.
Die Häuser sind immer noch die gleichen wie damals, auch die Menschen haben sich wahrscheinlich kaum geändert.
Die Örtlichkeiten erinnern an die dreißiger Jahre, nur die Arbeitslosen stehen nicht mehr auf den Plätzen herum. Man sieht den Leuten heute nicht mehr an, daß sie keine Arbeit haben. Vielleicht weil sie sich kaum auflehnen und sich auch darin nicht mehr unterscheiden von den andern.
Der Film restituiert eine »Archäologie der Dinge«.
Die idyllische Landschaft um Jonschwil, wo die Erschießung stattfand, kontrastiert mit dem Regenloch Sittertobel, wo Ernst seine Jugend verbrachte.

»Nicht zufällig erscheint in der Einleitung des Films das sonntäglich-sommerliche Bild des Dorfes Jonschwil (mit Standschützenknallen über der Landschaft), nicht zufällig regnet es in Strömen, wenn die Gegend gezeigt wird, in der Ernst S. seine früheste Jugend verbracht hat, nicht zufällig endet der Film auf einem schneeverwehten Friedhof und auf den schneebedeckten Tannen des Waldes, in dem Ernst S. erschossen wurde.« (Martin Schaub im »Tages-Anzeiger«.)

Die Wochenschauen zeigen eine andere Landschaft, die ideologische. Kritiker warfen uns vor, daß wir nur solche zeigen, bei denen man faschistische Einflüsse merke.
Das war uns bis dahin gar nicht aufgefallen. Was uns hingegen auffiel, war, daß die Wochenschauen nicht zeigen, in welchem Zustand sich die Welt befand in jenen Jahren.
»In einer unruhigen, von blutigen Kämpfen zerrissenen Welt, in der ganze Staaten zusammenbrechen und andere

neu entstehen, begeht die Schweiz in Frieden den 650. Jahrestag ihrer Gründung.«
Der Weltkrieg erscheint als eine Sintflut und die Schweiz als ihre Arche Noah.

Die Wochenschauen berichten, in einem Sinne, nur über sich selber. Sie zeigen, wie die äußere Bedrohung benutzt wird, um die innere Ordnung zu festigen. Sie verankern die »Alle-im-gleichen-Boot«-Ideologie, die Verleugnung der Klassen.

Sie bereiten das ideologische Terrain für die Klassenkollaboration vor. Sie helfen das Netz von Beziehungen, Allianzen und Harmonien zu weben, das vom »Arbeitsfrieden« (1937), zur Landesausstellung (1939), zum Einritt der Sozialdemokratie in die Regierung führt (1943).

Während die Wochenschauen die gesellschaftlichen Widersprüche verstecken, macht sie unser Film von neuem sichtbar.
Zwei verschiedene Arten die Welt zu filmen stehen sich gegenüber. Zwei verschiedene Geschichtsschreibungen mit den Mitteln des Films.

Angesichts der äußeren Bedrohung bekennen sich die Arbeiterparteien zur Landesverteidigung. Sie unterstellen sich damit aber auch gleichzeitig einer Armee, deren Führungsspitze mit dem bürgerlichen Establishment identisch ist und die »in diesem Jahrhundert selten geschossen hat; zum Glück. Wenn sie aber geschossen hat, dann auf streikende Arbeiter (Generalstreik 1918) und auf demonstrierende Arbeiter (Genf 1932), anläßlich einer sozialdemokratischen Demonstration gegen schweizerische Faschisten gibt es 13 Tote durch Einsatz von Rekruten mit sechswöchiger Ausbildung«. Max Frisch, »Dienstbüchlein«.

Es waren solche Ereignisse und Erfahrungen, die die Arbeiterschaft der Armee gegenüber mißtrauisch gemacht hatte. Ein berechtigtes Mißtrauen, das dem Bürgertum wiederum erlaubte, die politisch bewußten Arbeiter »vaterlandslose Gesellen« zu nennen und jede Kritik an dieser Armee, an

ihrem Verhalten und an ihren undemokratischen Strukturen, als »Landesverrat« abzutun.
Auch gewisse Reaktionen auf unseren Film haben gezeigt, wo die Grenzen der schweizerischen Demokratie liegen.

Das Bürgertum bewirkte ein Verbot der Kommunistischen Partei mit der Begründung, daß es »ein unerträglicher Zustand sei, daß die Kommunisten unter Mißbrauch der Vereinsfreiheit ihr landesverräterisches Wesen treiben können«.

Führende Faschisten, wegen Landesverrats verhaftet, werden gegen Kaution, die vom Textilindustriellen Mettler-Specker bezahlt wurde, auf freien Fuß gesetzt und fliehen nach Deutschland. Die Naziparteien werden dann ihrerseits verboten.

»Der Faschismus war eine starke Bedrohung der Schweiz. Das hat man im Militärdienst überall gemerkt, daß da doch gewisse Sympathien vorhanden waren für die Hitlerischen da. Obwohl ich ja nicht gern Militärdienst gemacht habe, hab ich eingesehen damals, daß die Armee notwendig ist, gegen diese, daß man ja sagen muß zur Armee, um diese zu bekämpfen.
Nach meiner Ansicht war es einfach so, daß sie ein paar Exempel statuieren mußten. Das war ein Druck vom Volk, das gegen den Nazismus war im Prinzip, und damit sie dem Volk zeigen konnten, daß sie etwas machen gegen die Nazis, mußten sie ein paar erschießen.« (Emil S. im Film.)

Der Redaktor der sozialdemokratischen »Volksstimme« schrieb zur Verurteilung des Ernst S.: ». . . zu lange hatte man Spione und Landesverräter mit Samtpfötchen angefaßt, hatte gewisse düstere Elemente gar ins Ausland entwischen lassen, als daß sich nicht eine Stimme hätte erheben müssen, welche die Hinrichtung forderte . . .«

Die Stimmen der Redenden (im Film) und die Bilder der Örtlichkeiten stellen, mit einer gewissen Systematik, nach und nach ein Mosaik zusammen, dessen Zeichnung dem Zuschauer im Gedächtnis haften bleibt. Durch die Darstellung »objektiver Wirklichkeit« erscheinen die gesellschaftli-

chen Widersprüche als wirkliche, in der Wirklichkeit vorhandene, unübersehbare.
Die Darstellung des Films arbeitet die Widersprüche heraus, ist selber von ihnen erarbeitet, gibt sie dem Zuschauer weiter, bei dem sie auf einer anderen Ebene von neuem zu arbeiten beginnen.

Dem Film kann man sich weniger entziehen als dem Text. Dieser wird in den Augen des Lesers schließlich auf den Schreibenden zurückgeworfen. Es ist der geschriebene Text und der Schreibende dahinter, der aus dem Ernst S. macht, was er ist. Der »Held« ist hier, in letzter Instanz, der Schreibende selber. Der abwesende Ernst S. ist nur das Medium, das den Text ermöglicht.
Im Film ist Ernst S. da, gleichzeitig präsent und abwesend, die Bilder, die ihn zeigen (Fotografien), sind zwar auswechselbar, aber sie zeigen immer das gleiche.
Ernst ist im Film immer mehr, als was wir aus ihm machen. Er ist gleichzeitig er selber und die Geschichte, die über ihn erzählt wird.

Der Film lebt von der Faszination der abwesenden Figur. Ernst S. kommt über die Erzählungen seiner Verwandten und Bekannten zu einem neuen Leben.
Das Problem für den Filmemacher: diese Geschichte in eine mögliche filmische Sprache übersetzen, dem Inhalt eine Form geben, die diesem entspricht.
Die erste Vorstellung vom Film war: eine ältere, weißhaarige Frau, vielleicht Bäuerin – in einem abgelegenen Bergdorf, einen (weißen) Vorhang touchierend, von diesem wie von einem Schleier leicht verdeckt – erzählt die Geschichte von der Erschießung ihres Sohnes; eine Geschichte, die sie nie verstanden hat, die über sie hinweg fuhr wie eine Lawine.

»Die Autoren erschließen uns eine Welt des Miefs und der Ausbeutung, auch eine Welt der Zärtlichkeit bescheidener Menschen. Geschichtsunterricht für Zeitgenossen, die sich vorstellen können, daß auch das Volk Geschichte macht und Geschichte erinnert.« (Martin Schaub im »Tages-Anzeiger«.)

»Noch zur Methode: wie sich gewisse Bürger oder der kleine Moritz den ›Agitator‹ vorstellen, die meinen, man habe da einfach Bücher gelesen, möglichst viel Marx. Aber das funktioniert natürlich überhaupt nicht so. Je länger ich recherchiere und die Leute reden lasse, desto mehr bin ich einfach, ob man dies jetzt ›links‹ oder ›marxistisch‹ nennen will, in die Nähe der empirisch erfaßbaren Wirklichkeit gerückt und nicht in die Nähe von etwas, das ich vorher oder vor zwei Jahren gelesen habe, und das ich jetzt beweisen will.« (Meienberg in einem Interview.)

»Indem wir den sozialen und historischen Hintergründen nachgingen, haben wir nach und nach etwas aufgedeckt, wie Archäologen, eine versteckte Schicht, die zwar vorhanden ist, aber die man nicht auf den ersten Blick sieht. Man muß graben, und diese Schicht, das ist die Klassenstruktur einer Gesellschaft. Diese Struktur ist in der Schweiz besonders gut versteckt, deshalb muß man besondere Anstrengungen machen, sie zu finden, aber man kann nicht sagen, etwas existiert nicht, bloß weil man es nicht sieht und mit den Fingern nicht berühren kann.« (Dindo im gleichen Interview.)

Der Auditor, der Verteidiger und der Pfarrer gaben keine Interviews für den Film.
Der erste wollte sich zuerst die Prozeßakten beschaffen, was ein hypothetisches Einverständnis des Oberauditors voraussetzte, war dann aber auch prinzipiell nicht mehr interessiert, als er hörte, daß Meienberg für den Film einen Kommentar verfassen wird, obwohl ich ihm schriftlich zugesagt hatte, daß seine Aussagen im Film nicht kommentiert würden. Im Verlaufe des Gespräches äußerte er sein Erstaunen darüber, daß der Bund (Departement des Innern) für den Film einen Herstellungsbeitrag in Aussicht gestellt habe. Er wies in diesem Zusammenhang darauf hin, daß er mit dem verantwortlichen Bundesrat persönlich gut bekannt sei.
Der zweite erklärte am Telefon, daß er damals nach seinem Gespräch mit Meienberg (für das Buch) vom Oberauditor der Armee einen Rüffel bekommen hatte und einen Typ wie Meienberg beim nächsten Mal eigentlich an den nächsten Laternenpfahl hängen müßte.

Der dritte schließlich sandte die schriftliche Anfrage um ein Interview einem Hauptmann A. weiter, der zurückschrieb: »1942 am 10. November als Hptm. im Stab F Art. Rgt. 7 mit einem Auftrag und Befehl (bewegt) dabei.
Seit der fraglichen Publikation des Herrn Niklaus Meienberg, im August 1973 im Magazin des Tagesanzeigers in Zürich sehen wir uns als ehemals Beteiligte (vereidigt) erneut an der Front gegen ... eine neue 5. Kolonne.« (!)

Schwierigkeiten auch bei der Suche nach einem Soldaten, der uns die Erschießung erzählen soll. Einige wollen dabeigewesen sein, waren es dann aber nicht, kannten die Geschichte nur vom Hörensagen und jeder ein wenig anders. Andere, die schon ihr Einverständnis gegeben hatten, zogen sich im letzten Augenblick, aus Angst vor beruflichen Folgen, zurück.

Wir finden schließlich den Maler Lamprecht, der vor der Erschießung dem Ernst die Augen verbinden mußte und sich in allen Details an jene Nacht erinnert. In einem Interview sagt er: »... kommt mir manchmal der Fall Ernst S. in den Sinn, wo ich beteiligt war an der Vollstreckung des ausgesprochenen Urteils; manchmal mit gemischten Gefühlen, nicht mehr die gleichen Gefühle, wie ich sie dazumal hatte, wenn ich so darüber nachstudiere, was in dieser Zeit so alles gegangen ist, wieviel Schlechtes passiert ist, viel Schlechteres als vielleicht der Ernst S. gemacht hat, daß ich manchmal denke, man hätte richtiger solche drangenommen, aber man kommt dann wieder darüber hinweg, vergißt wieder und geht wieder in den Alltag hinüber.«

Die eidgenössische Filmkommission, aufgrund eines Exposés zum Filmprojekt, empfiehlt dem Bundesrat, Departement des Innern, dem Film einen Herstellungsbeitrag von 50 000 Fr., was etwas weniger als die Hälfte des Budgets ausmacht, zuzusprechen.

»Bundesrat Hürlimann folgte den Empfehlungen seiner Projektbegutachter, und er kannte Meienbergs Reportage und Dindos frühere Filme sehr wohl. Die ersten Reaktionen waren gegen sein Departement und ihn selbst gerichtet. Ein anderes Departement hat versucht, den Herstellungsbeitrag zu verhindern.« (Martin Schaub im »Tages-Anzeiger«.)

Im Exposé zum Film stand: »Die Erschießung von Landesverrätern ist offenbar tief in das kollektive Unterbewußte der Schweizer eingedrungen. Jeder, der den Krieg miterlebt hat, erinnert sich daran. Die Auffassung, daß da an Kleinen ein Exempel statuiert wurde, ist auch allgemein verbreitet.«

Während den Recherchen zum Film wurde uns diese Volksmeinung immer wieder bestätigt. In einschlägigen Texten über die Schweiz im Zweiten Weltkrieg und im Bonner Archiv des Auswärtigen Amtes suchten wir dem Ernst einige »Große« gegenüberzustellen, Fälle von nazifreundlichen, sich am Rande des Landesverrats bewegende, juristisch allerdings nicht faßbare hohe Persönlichkeiten.

Oberst i. Gst. Däniker, einer der Unterzeichner der Eingabe der »200«, in der eine weitgehende Anpassung der Schweiz an Nazi-Deutschland verlangt wurde. Däniker hatte offene Sympathien für führende schweizer Faschisten gezeigt und war Anhänger eines »totalen Soldatentums«. Wurde 1942 aus der Armee entlassen.
Kanonenfabrikant Bührle, dessen Sympathien für Nazi-Deutschland ebenfalls landesbekannt waren und der Granaten im industriellen Ausmaß ans Dritte Reich lieferte, so daß der englische Militärattaché mit einer Bombardierung seiner Fabriken drohen mußte.
Oberstkorpskommandant Wille, der den deutschen Gesandten aufforderte, die Absetzung von General Guisan bei der schweizerischen Regierung zu bewirken und die Demobilisierung der Armee verlangt hatte.
Wir stellen im Film die Frage, ob diese Herren dem Wehrwillen des Volkes und der Landesverteidigung nicht mehr geschadet haben, als ein Ernst S.

In seiner »Geschichte der schweizerischen Neutralität« schreibt Bonjour: »Willes Ratschläge liefen alle auf ein weiteres Entgegenkommen gegenüber dem Hitlerreich hinaus, letzten Endes auf Einordnung in das Neue Europa«.
»Wille war durch unzweifelhafte Meriten als militärischer Erzieher zu sehr mit der Schweiz verbunden, als daß man in

seiner Handlungsweise landesverräterische Beweggründe sehen dürfte.«
Er hatte die Demobilisierung der Armee verlangt, angeraten den Bau der Befestigungsanlagen einzuschränken, kritisierte den Übereifer ungebildeter, ständig Landesverrat witternder Beamter, berichtete von Scharfmachern, die das Wohlwollen des Duce der Schweiz gegenüber bedrohten und stellte fest, daß sich Hitler über die Schweizer Presse ärgere und wie jeder Deutsche im Grunde seines Herzens schwer darunter leide, überall mit den Hunnen verglichen zu werden. Er, der Führer, habe wenigstens bei den benachbarten Schweizern auf eine allmählich anständigere und gerechtere Beurteilung gehofft.

Wille ist der Sohn des Generals Wille, Oberbefehlshaber der Armee während des 1. Weltkriegs, der den Eintritt der Schweiz in den Krieg auf seiten des deutschen Kaisers befürwortet und vor und während des Landesstreiks die Armee provokativ gegen die Arbeiterschaft eingesetzt hatte.

Oberst Däniker hatte, von Wille unterstützt, in einer Denkschrift geschrieben, daß der Krieg entschieden sei und die Schweiz nichts anderes zu tun habe, als möglichst bald aus ihrer Neutralität herauszutreten und in irgendwelcher Form möglichst rasch einen verhältnismäßig billigen Anschluß zu suchen.
In dieser Denkschrift konstruiert Däniker auch ein einseitiges Verschulden der Schweiz für die gespannten Beziehungen, die zwischen Deutschland und der Schweiz bestehen.
Seine Kritiker warfen Däniker zu recht vor, daß dieses Argument, im Falle eines Krieges, als Eingeständnis eines hohen Schweizer Offiziers für die Kriegsschuld der Schweiz Auswertung finden werde.

Sowohl Willes als auch Dänikers Vorschläge und Kritiken laufen unter anderem auch auf eine Schwächung der Spionageabwehr hinaus. Das Vorgehen der Behörden gegen schweizerische Faschisten, unter denen sich zahlreiche Landesverräter befanden, wird von ihnen kritisiert.
Sowohl Wille wie Däniker, wie übrigens auch Mitglieder der Regierung, hatten dem Nationalsozialismus gegenüber

eine Einstellung, die in anderen Ländern jene von »Kollaborateuren« war.
Däniker kritisierte u. a., daß man in der Schweiz »die geistigen Grundlagen des gegenwärtigen Krieges« übersehen habe.

Was Bührle betrifft, so war dieser befreundet mit hohen Würdenträgern des nationalsozialistischen Staates, u. a. mit Rudolf Hess. Er ging im deutschen Konsulat in Zürich ein und aus. Als der englische Militärattaché, wegen übermäßiger Waffenlieferungen ans Dritte Reich, mit der Bombardierung seiner Fabriken gedroht hatte, berichtete er darüber zuerst dem deutschen Konsul, erst einige Tage später informierte er auch noch die schweizerische Regierung.

Sein Sohn, Dieter Bührle, schenkte 1975 der Universidad de Chile in Osorno »eine aufeinander abgestimmte Gruppe von Werkzeugmaschinen«. Der schweizerische Vizekonsul war an der Einweihung zugegen.
Es handelte sich um ein Geschenk an das Chile von Pinochet.

Auch der Sohn des Oberst Däniker, selber hoher Schweizer Offizier, ist heute am extrem rechten Flügel der politischen Landschaft angesiedelt. Hat sich u. a. mit einem Buch über den Vietnamkrieg hervorgetan, in dem er ein Engagement verteidigte, an dem die Amerikaner selber schon zu zweifeln begonnen hatten.

Die »objektive Wichtigkeit« der von uns kritisierten Persönlichkeiten und die Tatsache, daß sie ebenso einflußreiche Nachkommen haben, dürfte der Grund sein, weshalb diese Passage im Film gewissen Zeitungen, dem Militärdepartement und anderen »hohen Kreisen« in unserem Land in die falsche Kehle geriet, und dürfte andere Schwierigkeiten erklären, von denen in der Folge dieses Dossiers noch die Rede sein wird.

Dialog im Film mit Prof. Bonjour: »Da würde ich mich dagegen wehren, daß ich den (Wille) mit Samthandschuhen angelangt habe. Er sei kein Landesverräter? Ja, dieser Mei-

nung bin ich schon. Landesverrat ist eine juristische Frage, nicht wahr. Und das geht halt nicht da hinein.
Wo hinein geht denn das?
Ja ... ihr bringt mich in Verlegenheit. Es ist eine böse Sache, sonst hätte ich sie nicht gesagt, aber es geht nicht in diesen Bereich hinein, es läßt sich nicht auf die juristische Formel bringen.«

2

Uraufführung des Films im Januar 1976 an den Solothurner Filmtagen. Man findet ihn etwas lang. Einige, die ihn am Buch messen, sind enttäuscht. Wir sehen auch bleiche Gesichter und fragen uns, ob das vom überfüllten Saal und der großen Hitze kommt.
Peter Bichsel ist beeindruckt, sagt uns aber einen »großen Krach« voraus.

In der »Neuen Zürcher Zeitung«, in ihrem Bericht über die Solothurner Filmtage, erfahren wir, was Bichsel, der sich in Regierungskreisen auskennt, gemeint hatte.
Die NZZ schreibt, wir sähen nicht zu Unrecht in Ernst S. einen jener kleinen »Diebe«, die man hänge, während man die großen laufen lasse. Leider hätten es die beiden Autoren unterlassen, das Leben jener Personen, die sie namentlich erwähnen und der Nazifreundlichkeit oder gar des geistigen Landesverrats bezichtigen, etwas näher unter die Lupe zu nehmen. Die Leichtfertigkeit, mit der hier längst verstorbene Persönlichkeiten ohne einen Blick auf die Hintergründe und Zusammenhänge ihres Tuns an den Pranger gestellt werden, sei fahrlässig, in einzelnen Fällen sogar verleumderisch, und stehe in schroffem Gegensatz zur liebevollen Sorgfalt, mit der den verschiedenen Aspekten des Schicksals von Ernst S. nachgegangen worden sei ...

Der Schreibende, G. Waeger, ehemaliger Sozialdemokrat, hatte sich mit einem Buch über die »200« einen Namen gemacht, die er als Leute bezeichnet, die vom Bundesrat nach dem Kriege als »Sündenböcke« geliefert worden seien«.
Zu sagen ist, daß nach dem Krieg effektiv Aufklärung über

die nazifreundlichen Umtriebe gewisser Kreise verlangt worden ist. Diese Stimmung im Volk war stark und wurde auch im Parlament repräsentiert. In einer im Parlament eingebrachten Motion wurde vom Bundesrat verlangt, daß »die Tatsachen restlos genannt werden, wen immer sie betreffen mögen. Das Volk müsse eindeutig wissen, wo seine schwachen Punkte seien und wo die besten Ansatzstellen fremder Einmischung und fremder Angriffsvorbereitungen waren und sind«.
Auf diese Anfrage habe der Bundesrat mit dem »Liefern von Sündenböcken« geantwortet. Waeger hatte aber nicht den intellektuellen Mut (den er hingegen uns vorwirft) sich zu fragen und den Leser darüber aufzuklären, *für wen* diese angeblichen Sündenböcke herhalten mußten.

In Interviews mit einer Filmzeitschrift und in einer Studentenzeitung bitten wir unsere Kritiker, zuerst einmal die einschlägigen Quellen nachzulesen, bevor sie uns solche Vorwürfe machten. Wir kündigen auch die Veröffentlichung von Dokumenten an.

Einige Tage später, an einer Sitzung zwischen Filmkritikern und Filmemachern, an der auch über unseren Film geredet wird, relativiert Waeger seine Aussagen und findet nun, daß er mit seinem Vorwurf der »Verleumdung« etwas weit gegangen sei.

Kritiker von links finden, daß der Film weniger weit gehe als das Buch, vermissen Wendungen wie: »Oben wurde pensioniert, unten füsiliert.« Der Film habe »die gesellschaftspolitische Brisanz der Reportage gemildert«, schreibt sogar jemand im konservativen »Vaterland«. Andere wiederum loben die stattgefundene »Versachlichung«.

»Der Film wirkt meiner Meinung nach gerade deshalb politisch stark, weil wir selber keine Aussagen mehr machen, sondern Leute aus dem Volk reden lassen, die man einfach nicht widerlegen oder als ›Agitatoren‹ abtun kann. Es ist eben entscheidend, wer redet, und wir geben den Betroffenen das Wort. Das ist ein darstellerisches Problem, aber auch ein politisches. Die ›Historiker‹ in unserem Film, das sind die sogenannten ›einfachen‹ Leute. Die stärkste politische Aussage ist für mich die, die aus dem Volke kommt.« (Dindo in Interview.)

Dialog im Film mit Herrn und Frau Spreiter, Vormundehepaar:
Frage: In den höheren Kreisen hat es ja überzeugte Nazis gegeben?
Er: Ja, natürlich, mehr als 200, will's Gott.
Frage: Was waren das für Leute?
Sie: Ich weiß keinen.
Er: Ja, ich weiß ein paar, aber ich sage nichts, denn sie sind auch gestorben, und die Erde sei ihnen leicht. Mir ist nähergegangen, was dem Ernst passiert ist, daß er als erster hinknien mußte.

»Wir haben nicht nur einen Film über Geschichte, sondern auch über Geschichtsschreibung gemacht, nicht nur über die Fakten, sondern auch über den Diskurs, welcher über die Fakten gemacht wird. Das, was bei den bürgerlichen Historikern als Fußnote erscheint, haben wir in den Haupttext genommen. Die Geschichte des ›kleinen Mannes‹ ist bei uns im Haupttext, d. h. eigentlich schreiben unsere ›Darsteller‹ ihre Geschichte selbst. Der ›kleine Mann‹ ist beim bürgerlichen Historiker eine ›Fußnote‹ der Geschichte. Wir stellen diese Geschichtsschreibung vom Kopf auf die Beine.« (Meienberg in Interview.)

Als nächstes zeigen wir den Film in St. Gallen. Er wird von der »AZ«, lokale SP-Zeitung, groß angekündigt. »Ernst-S.-Film kommt zuerst in seine Heimat«. Mehrere hundert Besucher drängen sich in den zu kleinen Kinosaal, darunter auch die Brüder Otto und Emil S., der Pfändungsbeamte G., der Soldat Lamprecht. Der große Ansturm bewirkt, daß ein anderes Kino den Film etwas später während einer Woche zeigen wird.
Die »AZ« lädt unter dem Titel: »AZ-Leser schreiben Geschichte« ihre Leser ein, Stellung zum Film zu nehmen und eigene Erinnerungen und Berichte über die Zeit des Zweiten Weltkrieges zu schreiben.

Jürg Frischknecht, in der gleichen AZ, schreibt: »Die Empfindlichkeit der NZZ zeigt, wie unbewältigt das Thema ›Faschismusfreundlichkeit von Schweizern‹ noch immer ist. Es geht nicht um die anpasserischen Fröntler, die spätestens nach dem Krieg kaltgestellt wurden. Es geht vielmehr um jene Leute, die ihren Platz an der Macht auch nach dem Krieg gehalten haben. Diese ›gut schweizerischen Faschisten‹ sind ein völlig vernachlässigtes Kapitel unserer unbewältigten Vergangenheit, das endlich zu erschließen ist.«

Wir bringen den Film in Zürich ins Kino, veranstalten dazu eine Pressevorführung mit einer neuen, gekürzten Version. Noch am gleichen Mittag bringt Radio Beromünster, Studio Zürich, in der Sendung »Rendez-vous am Mittag« einen Beitrag zum Film, an dem der Filmredakteur der NZZ, als Filmkritiker Dr. Schlappner vorgestellt, und Oberst Kurz, Vize-Direktor der Armeeverwaltung im Militärdepartement, als Dr. Kurz, Militärhistoriker vorgestellt, zu Wort kommen.
Schlappner wirft uns wieder unsere »Verleumdungen« vor, redet von »Agitation« und »Klassenkampf«, während Oberst Kurz, ohne unseren Film zu erwähnen, vom Landesverrat im allgemeinen, von der 5. Kolonne und von der Notwendigkeit der Spionageabwehr redet.
Aus den Ausführungen von Oberst Kurz, der den Film selber, wie er später Meienberg bestätigt, nicht gesehen hat, muß der Radiozuhörer, der den Film ebenfalls nicht gesehen hat, folgern, daß unser Film die Notwendigkeit der Spionageabwehr in Frage stellt, die 5. Kolonne ignoriert und im Grunde den Landesverrat, wenn nicht gerade gutheißt, so mindestens verharmlost.

Wir protestieren beim Verantwortlichen der Sendung, daß wir, angesichts der Einseitigkeit der Sendung, nicht zu Wort gekommen sind. Der Betreffende antwortet, daß die Einladungen diesmal nicht von ihm gemacht, sondern von »weiter oben« gekommen seien.
Da es sich um eine aktuelle Mittagssendung handle, sei es auch nicht mehr möglich, uns nachträglich noch zu Wort kommen zu lassen. Er verrät uns hingegen, um den Ernst der Situation anzuzeigen, daß er vernommen habe, daß Versuche beim Bundesrat unternommen worden seien, den Film verbieten zu lassen.

Wir wollen über eine Presseagentur eine Depesche herausgeben und uns über eine Sendung beklagen, die »den bitteren Geschmack eines gouvernementalen Radios« habe. Die Agentur streicht alle Kritiken am Radio heraus, da sie sonst ihren besten Kunden verliere.
Wir schreiben den ganzen Text noch einmal ab und schicken ihn direkt den 15 wichtigsten Tageszeitungen. Nur eine einzige, »Die Tat« (Zürich), bringt ihn, zusammen mit einer Antwort des Radioverantwortlichen von Studio Zürich, der aber auf unsere Kritiken nicht eingeht.

Der »Blick« schreibt dazu: »Das Thema ist so heiß, daß zum Beispiel das Schweizer Radio gestern mittag zwar zwei kritische Stimmen zum Film ausführlich, die beiden Filmautoren aber überhaupt nicht zu Wort kommen ließ. Mutiger scheint dieses Mal das Schweizer Fernsehen sein zu wollen. Kulturchef Dr. Eduard Stäuble zu ›Blick‹: ›Der Vorentscheid ist gefallen, daß wir den Film senden. Definitiv ist das freilich noch nicht. Direktor Frei hat ihn noch nicht gesehen . . .‹«

Ein dem Militärdepartement nahestehender Major Vögeli widmet dem Film, wie schon dem Buch, eine Nummer seiner offiziösen Broschüre »ipz«-Information (Institut für politische Zeitfragen). Weltanschaulich rechts von der traditionellen Rechten anzusiedeln, befassen sich diese ipz-Informationen mit »Subversion«, »Agitation«, »Konfliktforschung«, »Politische Psychologie«, »Revolution«, »Spionage«, etc.
Vögeli empfindet den Film als »ein viel raffinierteres Medium« und sieht darin einen »viel größeren Multiplikator« als im Buch. Die gleichzeitige Aufnahme von Wort, Ton und Bild wirke eindrücklicher und nachhaltiger als das bloße Wort.
Er analysiert dann unseren Film, indem er nachweist, daß wir uns im Erschießungsdatum um einen Tag geirrt haben, daß sich der Soldat, der die Erschießung erzählt, um eine Stunde irrt und deshalb auch seine übrigen Aussagen nicht glaubwürdig wirken, wir ihm diese wahrscheinlich sowieso in den Mund gelegt hätten, etc.
Er widerlegt »die freche Behauptung Meienbergs«, daß die meisten erschossenen Landesverräter aus »sehr einfachen

Verhältnissen stammten«, indem er eine vom Oberauditor gelieferte Liste der Erschossenen veröffentlicht mit Berufsangaben. Darin ist Ernst S. zum Beispiel als »Schneider« notiert. In Wirklichkeit war er Hilfsarbeiter, Ausläufer, Gelegenheitsarbeiter, Vertreter. Aus der Schneiderlehre lief er davon.
Bei fünf anderen Erschossenen ist der Beruf mit »Kaufmann« angegeben. Daraus schließt Vögeli, daß das »Schwergewicht doch entschieden beim mittelständigen Bürgertum« liege. Nun handelt es sich bei diesen »Kaufmännern« aber um kaufmännische Angestellte, Hilfsangestellte und Hilfsbuchhalter (durch persönliche Recherchen von Meienberg eruiert). Ersichtlich bei Vögelis Methode ist u. a. die Limitation der Geschichtsschreibung vom Schreibtisch aus, die sich an »reine Fakten« hält, und keine Zusammenhänge herstellen kann.
Zum eigentlichen Thema des Films »Die Kleinen hängt man, die Großen läßt man laufen«, schreibt Vögeli unter Anmerkungen: »Auf die Behauptung vom ›kleinen Fisch‹ anstelle der ›großen Fische‹ hier einzutreten, würde den Rahmen dieser ›ipz-Information‹ sprengen ...«

Nur der offiziöse Charakter dieser Broschüre macht es überhaupt notwendig, sie zu erwähnen. Ihre Kernsätze sind: »Geschichtliches Zerrbild«, »klassenkämpferisches Vorurteil«, »unsorgfältige Recherchen«, »unseriöse Arbeitsmethode«, etc.
Zum Abschluß heißt es: »Die propagandistische Wirkung dieses zeitgeschichtlichen Zerrbildes, das mit der Behauptung verknüpft wird, als sei mit diesem Beitrag eine geheimgehaltene historische Wahrheit aufgedeckt worden, darf nicht unterschätzt werden: Direkte und indirekte Ausstrahlung! Es ist Aufgabe unserer Regierungsstellen wie der Staatsbürger, Mittel und Wege zu prüfen, wie im Interesse der jüngeren Generationen der irreführenden Legendenbildung über die Vergangenheit unseres Staates konstruktiv begegnet werden soll.«
Es bleibe für den Staatsbürger und Steuerzahler völlig unverständlich, daß der Staat einen Herstellungsbeitrag von 50 000 Fr. durch das Eidg. Departement des Innern beigesteuert habe.

Das »Konstruktive« bei Rechtsradikalen läuft, vorläufig, immer auf das Berufsverbot hinaus.

In der Hauptsache waren die Pressereaktionen überwiegend positiv, es wurde uns zugestanden, parteiisch zu sein, parteiisch für das Volk. Es wurde uns auch zugestanden, daß wir die Großen nicht mit der gleichen »liebevollen Sorgfalt« wie die Kleinen behandelten. War es nicht lange genug umgekehrt?, fragt ein Filmkritiker.

Ein Leser der St. Galler »AZ« schrieb: »Daß gewisse Kreise den Film nicht gerade begrüßen, ist verständlich. Es sind hauptsächlich jene, die die Machtpositionen in Händen halten und den anderen von Rechtsstaat, gleiche Chance, von Demokratie, sozialer Partnerschaft usw. predigen, aber sehr böse werden, wenn mutige Autoren, seien es Filmemacher, Schriftsteller, Lehrer, engagierte Politiker oder einfache Bürger diese Dinge unter die Lupe nehmen und die Widersprüche zwischen Theorie und Praxis zeigen.«

»(Die Autoren) versuchen mit dieser Geschichte vom Untergang des kleinen Mannes Ernst S. die Klassenstruktur einer Gesellschaft aufzudecken, die alle jene benachteiligt und diskriminiert, die an der Basis der sozialen Pyramide leben müssen. Dieses Vorhaben bestimmt ihre Optik. Sie ist parteiisch für das Volk, und verleugnet dies keinen Augenblick. Aus dieser bewußt eingestandenen Subjektivität heraus gewinnt der Film seine Spannung und seine Anziehungskraft ...« (Otto Marchi in der »Weltwoche«.)

Dr. Schlappner in der NZZ kommt in einem längeren Artikel auf den Film zurück, redet von einer Dokumentation, von starker Einfühlung, und spricht ihm eine künstlerische Qualität zu, die das Mittelmaß schweizerischen, aber auch internationalen Filmschaffens übertreffende Reife erlangt habe. Zu dieser Reife gehöre nun aber auch eine bis ins Raffinement der Suggestion und der Unterstellungen entwickelte Dialektik. Diese soll zum Beweis dienen, daß man die kleinen »Diebe« hänge, während die großen laufengelassen werden. Es sei eine Dialektik der – durch den Film direkt eingestandenen – Klassenkampfgesinnung.
Es gebe in dem Film zahlreiche Beispiele von Manipulatio-

nen, die den Anspruch eben hinfällig werden lassen, es handle sich bei dieser Dokumentation eines verpfuschten Lebens um unantastbar tatbeständliche Information.
Schlappner gesteht uns zwar ein, daß dies »unsere weltanschauliche Sache« sei, wirft uns dann aber im gleichen Atemzug vor, daß wir dies »ausnützen als Ausgangspunkt für eigentliche Agitation«.
»Klassenkämpferisch mit leichtfertigen Argumenten zu Emotionen anstachelnde, zielbewußte Agitation«, heißt es im kunstvollen Schlußsatz.

Wir nehmen in einem Brief an die NZZ Stellung zu diesem Artikel und versuchen darin einige besonders augenfällige Verdrehungen zu widerlegen, aber unsere Antwort wird von der NZZ nicht veröffentlicht.

Im »Badener Tagblatt«, dessen Besitzer die Eingabe der »200« unterschrieben hatte, werden die Vorwürfe der NZZ übernommen. Die Zeitung stellt die Frage: Verständlich seien die Entscheidungen jener Jahre eigentlich nur dem, der sich in sie zurückversetzen könne. »Kann denn das der schweizerische Filmer Richard Dindo? Er ist 1944 geboren . . .«

Im Film zeigen wir das Bauernhaus Weihnachtshalde, ehemals im Besitz von Karl S., der es dem Sohn des Textilindustriellen Mettler verkaufte und heute in dessen Fabrik als Magaziner arbeitet.
Eine Bekannte der Familie Mettler schreibt der Filmzeitschrift »Zoom« einen Brief, in dem sie »die Verquickung des Bauernhauses Weihnachtshalde mit dem Fall Ernst S. als perfid« bezeichnet. Beides hätte nichts miteinander zu tun. Der Fall Ernst S. habe 1942 mit der Erschießung desselben sein Ende gefunden (!).
Außerdem sei der Textilindustrielle ein verschrobener Mann gewesen, der sich aber für die Öffentlichkeit als Handelsrichter und Großrat eingesetzt habe. Den Irrtum mit seiner Nazifreundlichkeit habe er zu spät eingesehen.
Daß er auch noch eine Kaution für wegen Landesverrats verhaftete Naziführer bezahlt hatte, was diesen die Flucht nach Deutschland ermöglichte, verschweigt sie.

Eine Leserin in der »AZ« erinnert daran, daß Mettler eine Nazi-Zeitung herausgegeben hat, in der u. a. zur Zeit des spanischen Bürgerkrieges von den Bombardierungen spanischer Städte durch deutsche Flieger mit den Worten die Rede war: »Die niedlichen Eier der Bomben, bereit zum Abwurf über die Roten.«

An der Diskussion nach einer Vorführung des Films in Frauenfeld erzählt ein ehemaliger Aktivdienstsoldat, daß er während des Krieges als Soldat vor dem Haus des Generals Wache gestanden sei. In den Tagen, als Ernst S. und zwei weitere Landesverräter erschossen wurden, sei ein hoher Offizier aus dem Hause des Generals gekommen, in ein wartendes Auto gestiegen und abgefahren. Hinter ihm her, einige Augenblicke später, der Generalstabchef, der im Vorbeigehen zu den Wachsoldaten gesagt habe: die paar Kleinen werden erschossen, aber eigentlich hätte man diesen da erschießen sollen.

Höhepunkt der Kampagne gegen den Film ist ein Artikel in »Der Bund« (Bern), der in folgender Apotheose gipfelt: Es gehe in diesem Film nicht um eine »unbewältigte Vergangenheit« – Vergangenheit lasse sich nie bewältigen –, sondern es gehe um die Bewältigung der Gegenwart, in der Geschichte als Instrument, als Waffe gegen den Staat gebraucht werde (!).
Dindo habe seine Dokumente zu einer »ideologischen Inszenierung zusammenmontiert«, die Welt in »Rote« und »Blaue« (?) eingeteilt, die Leute, die kein Interview geben wollten, »auf billige Weise apostrophiert«, der Herstellungsbeitrag des Bundes gebe dem Film deshalb noch »keinen offiziellen Charakter«, gewisse Personen »mit ihrer bedenklichen Nazifreundlichkeit« seien dem Landesverräter Ernst S. »gleichgestellt« oder sogar übergeordnet worden.
Es sei zwar wahr, daß »vielerorts eine Unterdrückung des Kleinen« existiere, daß diese der Fürsprache bedürften, daß es in dieser Beziehung Aufklärungsarbeit zu bewältigen gebe, aber Ernst S. sei das falsche Beispiel dafür, da er sich ja just nicht zu diesen Kleinen zählte, da er sich ja zu etwas Höherem bestimmt fühlte ...«

Der Schreibende – der in einer Randnotiz auch von einer persönlichen Diffamierung des Filmemachers nicht zurückschreckt – entwickelt seinen »Humanismus« im Dienste »des Staates« zu seinem logischen Ende, indem er uns vorwirft, er vermisse bei unserer »Geschichtsschreibung das Streben nach Wahrhaftigkeit, den Respekt vor dem Individuum, vor dem Menschen und seinen Rechten ...«

Zu den Zeitungsreaktionen ist zu sagen, daß von mehreren Dutzend Zeitungen nur drei ausgesprochen negativ reagierten und daß es Zeitungen sind, die eine eindeutige ideologische Richtung haben, die Interessen des Finanzkapitals oder anderer Fraktionen des Bürgertums offen vertreten, in die Politik intervenieren, den Behörden immer wieder, didaktisch oder drohend, erklären, was diese zu tun haben. Die liberale und sozialdemokratische Presse fand den Film zwar parteiisch, regte sich darüber aber nicht auf, fand dies im Gegenteil normal.

Soweit die Artikel der Filmkritiker, später wird dieser Eindruck durch Redaktionstexte und gesteuerte Leserbriefaktionen »korrigiert«. Ich werde noch darauf zu reden kommen.

Im Juni empfiehlt die eidgenössische Filmkommission dem Bundesrat, unserem Film eine Qualitätsprämie von Fr. 35 000 auszuzahlen.
Zur gleichen Zeit protestieren Unternehmer- und Offizierskreise massiv gegen die Subventionierung des Films durch den Bund.
Proteste, die teilweise von Kanälen ausgehen, die zu Personen zurückführen, die im Film angesprochen sind.

Im Oktober zeigen wir den Film mit deutschen Untertiteln am Festival von Mannheim, wo er den Sonderpreis des Oberbürgermeisters der Stadt Mannheim für einen Dokumentarfilm von besonderem sozialpolitischem Engagement erhält. Die internationale Jury schreibt in ihrer Begründung, daß sie den Film wegen seines klaren politischen Standpunktes schätze, weil er diejenigen unterstütze, die nie die Macht besaßen, und jene benenne, die an der Macht waren und mit dem Faschismus kollaborierten. Weiter schätze sie die Machart des Films und seine Sensibilität.

Diese Preisverleihung, die wichtigste, die bis heute ein schweizerischer Dokumentarfilm im Ausland erhalten hat, wird über eine Nachrichtenagentur an praktisch alle Tageszeitungen weitergegeben und veröffentlicht. Auch an der Tagesschau des Fernsehens wird sie bekanntgemacht.

Die »Weltwoche« schrieb zu Mannheim: »Die besten Filme waren denn auch diejenigen, die ohne die politische Trompete auskommen und eine große Wirkung hinterlassen.«

Der Berner Prähistoriker Bandi, Oberst der Schweizer Armee, schreibt einen »Offenen Brief« an den Oberbürgermeister von Mannheim, in dem er seinem Befremden darüber Ausdruck gibt, daß unser Film ausgerechnet in Deutschland ausgezeichnet worden sei, und erklärt sich dies entweder mit Ressentiments oder mit »neomarxistischer Zusammenarbeit über die Grenzen hinweg.«
17 weitere Dozenten der Berner Universität unterschreiben den Brief, der im übrigen, als Kritik an unserem Film, die Broschüre des Majors Vögeli zusammenfaßt...
Zum Schluß wird wieder einmal die Tatsache kritisiert, daß der Film vom Departement des Innern einen Herstellungsbeitrag erhalten hat, was Oberst Bandi sich mit »schamlosem Mißbrauch des Goodwill oberster Behördenmitglieder auf unterer Ebene« erklärt (!).

Dieser Brief wird einer Agentur übergeben und ausschnittsweise in praktisch allen schweizerischen Tageszeitungen abgedruckt. »Der Bund« bringt ihn vollumfänglich.

Wir schreiben eine Antwort auf diesen »Offenen Brief«, in der wir die Herren darauf hinweisen, daß der Preis von einer internationalen Jury verliehen worden ist. Wir geben im übrigen unserer Überzeugung Ausdruck, daß die Unterzeichner den Film gar nicht gesehen haben, und laden sie ein, sich den Film anzusehen und mit uns in aller Öffentlichkeit darüber zu diskutieren.
Wir übergeben unsere Antwort der Depeschenagentur, aber keine der größeren Tageszeitungen bringt die Meldung.

Eine Kopie unseres Briefes überbringen wir direkt dem »Bund«, der sie nicht abdruckt.

Hingegen veröffentlicht »Der Bund« eine Antwort des Vorstandes der Studentenschaft der Universität Bern, in der sich dieser von den 18 Dozenten distanziert, und feststellt, daß diese nur eine Minderheit der Professoren repräsentieren, unter denen sich bezeichnenderweise nicht einmal ein Historiker befinde.

Unter den Unterzeichnern dieses »offenen Briefes« befindet sich ein Prof. Grosjean, der in der Zeitung des Kaufmännischen Vereins im gleichen Monat Oktober, zu den Ereignissen in Ungarn 1956 Stellung nehmend, schrieb: »Pinochet ist, was Allende, und Allende war, was Pinochet ist.«

Der Autor des Briefes selber, Oberst Bandi, hat schon im Dezember 1973 von sich reden gemacht, als er ein Armee-Dokument zirkulieren ließ, in dem die Behörden angeklagt wurden, die Armee im Stich zu lassen, ihnen Versagen vorwarf im Kampfe gegen »die Söldlinge Moskaus« und von einem Heer von Wühlern redete, die die Fundamente der Demokratie beharrlich zernagten.

Dieter Bachmann schreibt in der »Weltwoche« unter dem Titel: »Ein bißchen Mut, Herr Hürlimann!«, daß eine Kopie jenes »offenen Briefes« direkt an das Departement des Innern gelangt sei, und daß auf dem Pult des gleichen Bundesrates immer noch der Brief der eidg. Filmkommission zur Unterschrift in Sachen Qualitätsprämie liege.

Zu jenem Zeitpunkt belaufen sich die Schulden für den Film auf 30 000 Fr. (10 000 Fr. nicht bezahlte Laborrechnungen, 10 000 Fr. nicht bezahltes Honorar für den Cutter und seinen Assistenten, 10 000 Fr. private Schulden.)
Die Auswertung im Kino bringt kein Geld ein, da die Einnahmen, trotz des relativen Erfolges, gerade die laufenden Ausgaben decken. Zu den Schulden sind natürlich unsere eigenen Honorare nicht gerechnet. In den Film investiert sind fast ein Jahr unbezahlte Arbeit.

Inzwischen hat Meienberg bei seiner Hauszeitung, dem »Tages-Anzeiger«, auf Order des Verlegers Schreibverbot erhalten.

Einem vom »Theater am Neumarkt« bei ihm bestellten Theaterstück über die Familie Wille hat der Verwaltungsrat, in dem Politiker, Offiziere und Unternehmer sitzen, die Kredite verweigert.

Inzwischen haben wir dem Fernsehen, verbunden mit dem Vorschlag, nach der Ausstrahlung eine Diskussion zu führen, den Film angeboten.

Am 29. Dezember (!) schickt der Chef des Departements des Innern, Bundesrat Hürlimann, dem Filmemacher einen Expreß-Brief, in dem er die Ablehnung wegen der Qualitätsprämie begründet. Er schreibt, daß er sich auf die Seite der Minderheit der Experten gestellt habe (1 von 11), weil er mit dieser einig gehe, daß der Film historische Ereignisse manipuliere und sich dazu in einer unzulässigen Weise eines ideologischen Rasters bediene, was schwerer ins Gewicht falle als die gestalterischen Qualitäten.

Weiter schreibt er, daß die Gattung des Dokumentarfilmes Tatsachentreue verlange und Gerechtigkeit auch jenen gegenüber, die in Erfüllung ihrer gesetzlichen Pflicht den Landesverrat zu ahnden hatten. Die Tatsache, daß sie sich dieser schwierigen Pflicht unterzogen, berechtige nicht dazu, sie niedriger Gesinnung und unlauterer Beweggründe zu verdächtigen.

Es sei in unserem freiheitlichen Rechtsstaat jedermann erlaubt, nach der Richtlinie »Alles erklären – alles entschuldigen« *Delinquenten* in ein mildes Licht zu rücken oder sie überhaupt zu exkulpieren.

Im Gegensatz zur Nachsicht gegenüber *den Delinquenten* werde durch unseren Film aber unterschwellige Abneigung gegen jene geschürt, die sich in Erfüllung ihrer Pflichten gegen die Täter zu exponieren hatten.

Auch trage der Film den Zeitumständen keine Rechnung.

Eine Auszeichnung des Filmes durch den Staat würde den Eindruck erwecken, er entschuldige nachträglich jene, die Land und Volk verraten hätten, und distanziere sich von denen, die ihre Pflicht erfüllten.

Außerdem unterstelle der Film tatsachenwidrig, daß der gleiche Staat nach der Richtlinie gehandelt habe, die Großen lasse man laufen und die Kleinen hänge man. Landesverrat sei unbesehen um Stand und Grad geahndet worden.

Soweit der Bundesrat, der mit dieser Begründung unseren Film von den Füßen auf den Kopf stellt, unsere Kritiken an den Herren Wille, Däniker und Bührle ignoriert, was seine Behauptung, wir hätten den Landesverrat entschuldigt, gegenstandslos macht; ignoriert, daß in unserem Film mehrere Personen interviewt sind, die von Gesetzes wegen mit der Bestrafung des Landesverrats zu tun hatten, und ignoriert schließlich die überwiegend positive Beurteilung des Filmes durch die Schweizer Presse.
Der Bundesrat verschweigt, weshalb er 6 Monate gezögert hat, bis er seinen Entschluß faßte, er verschweigt auch, welchen Pressionen er ausgesetzt war.
Er übernimmt die Argumente unserer schärfsten Kritiker und übergeht jene, die für den Film sprechen. Er geht sogar über unsere Kritiker hinaus, indem er eine durch nichts zu beweisende Behauptung aufstellt, wir hätten Leute »niedriger Gesinnung verdächtigt«.
Er ignoriert, daß wir einen Film über einen bestimmten Fall und über das Leben und den Tod einer bestimmten Person gemacht haben. Durch die Bezeichnung »die Delinquenten« macht er glaubhaft, wir hätten einen Film über *alle* Landesverräter gemacht, die wir *gesamthaft* exkulpiert hätten.
Während es Aufgabe eines Regierungsmitgliedes gewesen wäre, den verschiedensten Meinungen zu unserem Film Rechnung zu tragen, stellt sich der Bundesrat hinter eine verschwindend kleine Minderheit von Experten und formuliert mit Argumenten, die nur von einem kleinen Teil der Presse vorgebracht wurden.
Die Argumentation des Bundesrates ist inhaltlich, teilweise sogar wörtlich, eine Übernahme des Artikels von Dr. Schlappner in der »Neuen Zürcher Zeitung« vom 12. März 1976.

Es trifft sich, daß Dr. Schlappner auch jener Experte in der Filmkommission ist, der gegen den Film gestimmt hat ...

Bundesrat Hürlimann läßt seinen Brief an den Filmemacher in der ganzen Presse veröffentlichen. Da er sich dabei an ein Leserpublikum wendet, das den Film nicht gesehen hat, werden seine Argumente auch allgemein gut »verstanden« ...
Niemand getraut sich den notwendigen Vergleich zwischen diesem Brief und unserem Film zu machen.
Hingegen setzt eine Welle von Redaktionsartikeln und Leserbriefen ein, in denen der Entschluß des Bundesrates gutgeheißen und begrüßt wird, von Leuten, die offen zugeben, den Film nicht gesehen zu haben.
Von der »Selbstachtung des Staates« schreiben jetzt die Redaktoren, von »Geschichtsklitterung«, von der »Abweisung des Filmemachers D.« Einige dieser Artikel erscheinen gleichzeitig in mehreren Zeitungen. Das »Vaterland« veröffentlicht seitenlange Leserbriefe, die einen hausinternen Journalisten beschießen, der es gewagt hatte, den Bundesrat zu kritisieren ... aber in der falschen Zeitung!
Dr. Schlappner in der »Neuen Zürcher Zeitung« begrüßt seinerseits den Entscheid und greift nun sogar die Subventionierung des Films an, indem er erklärt, daß sich die eidg. Filmkommission aus Aestheten und Extremisten zusammensetze!
Diese ist denn auch im Begriff, umstrukturiert zu werden ...
Meienberg schreibt einen »Offenen Brief« an den Bundesrat, in dem er einige konkrete Anklagen erhebt. Der streckenweise unsachliche und allzu persönliche Ton des Briefes erlaubt der Presse den Inhalt unter den Tisch zu wischen.
Prof. Bonjour, der offizielle Historiker des Bundesrates über die Zeit des 2. Weltkrieges, erklärt der »Tribune de Lausanne« auf Anfrage, daß unsere Darstellung des Falles Ernst S. den historischen Tatsachen entspreche.
An der Universität Bern findet eine öffentliche Vorführung des Filmes vor etwa 1000 Personen statt, mit anschließender Diskussion, zu der alle 18 Professoren, die seinerseits den Brief Bandi's unterschrieben hatten, eingeladen waren. Nur einer kann sich entschließen, an der Diskussion teilzunehmen. Andere befinden sich während der Diskussion im Saal. Das Publikum erfährt, daß die Herren Professoren beim Unterschreiben des Briefes den Film effektiv nicht gesehen hatten!
Der Wind schlägt jetzt ein wenig um. Der »Bund« distanziert sich von den Professoren und bedauert einige Wochen später,

nachdem er uns vorher mit dem Bleihammer auf die Schädel geschlagen hatte, den Mangel an Zivilcourage in unserem Lande...
Soweit der Stand der Dinge in der ältesten Demokratie der Welt, im Februar 1977.

Richard Dindo